VUES DE SUISSE

ET

DE SAVOIE

SIXIÈME SÉRIE. — Petit in-8° carré.

TYPOGRAPHIE FIRMIN-DIDOT ET Cie. — MESNIL (EURE)

Fig. 1. — Le départ.

L'abbé Paul BARBIER
PREMIER AUMÔNIER DU PENSIONNAT SAINT-EUVERTE D'ORLÉANS

VUES DE SUISSE
ET
DE SAVOIE

OUVRAGE ILLUSTRÉ DE 20 GRAVURES

PARIS
LIBRAIRIE DE FIRMIN-DIDOT ET Cie
IMPRIMEURS DE L'INSTITUT, RUE JACOB, 56

A MES AMIS

MM. BELLANGÉ ET DELAHAYE

VICAIRES DE LA CATHÉDRALE D'ORLÉANS.

PRÉFACE

Aux vacances dernières, deux de mes amis et moi, nous partîmes pour l'Italie, et je dois dire tout de suite que ce fut un voyage enchanté, dont je garderai à jamais le souvenir.

J'ai, du reste, raconté ailleurs (1) ces pérégrinations charmantes dans cette terre classique de la poésie et des arts.

Je n'avais pas cru devoir parler de notre passage en Suisse et en Savoie. Qu'y a-t-il à glaner par exemple, après un Louis Veuillot? Mais voici que des voix trop indulgentes viennent me rappeler à l'ordre, si doucement impérieuses que, à l'exemple de tant d'auteurs si heureux qu'on leur fasse vio-

(1) *Italie*, par l'Abbé Paul Barbier, Firmin-Didot, Paris.

lence, je me décide bonnement à subir leur aimable loi.

Et puis, notre plus grand plaisir au monde n'est-il pas le plaisir des autres...?

C'était le début du voyage, les premières heures triomphales de notre liberté. Nous nous en allions, l'âme grande ouverte, les yeux grands ouverts, et charmés par tant de spectacles nouveaux. Après une année de rudes labeurs ou d'âpres études, nous étions comme des aveugles dont la prunelle, par miracle, s'ouvrirait soudainement à la beauté du jour. Les impressions naissaient, se multipliaient et s'imprimaient en nous avec une extraordinaire vivacité. Paysages, physionomie d'un peuple inconnu, souvenirs historiques et religieux, voix harmonieuse de la nature et du monde, harmonieux concert des âmes et des choses, tout cela nous pénétrait en même temps, et nous parlait avec une souveraine éloquence.

Sans doute, le regard du voyageur d'aujourd'hui

emporté à toute vapeur sur les grands chemins du monde moderne, est trop rapide pour n'être pas quelquefois superficiel. Pour bien voir, il voit trop de choses à la fois, et les voit trop vite. C'est ainsi que beaucoup ne rapportent, de leurs courses à travers les pays lointains, qu'une confusion d'images sans contours, de souvenirs sans précision, visions évaporées, flottants nuages, dans lesquels la pensée ne ressaisit que des ombres.

Ils voyagent sans méthode.

Ceux qui désirent s'instruire font comme les étudiants qui suivent un cours. Ils sont devant les deux plus grands professeurs qui existent, la nature et l'histoire : ils les écoutent, et, le crayon à la main, ils prennent des notes.

C'est ce que nous avons fait.

N'allez pas croire pourtant, ami lecteur, que vous allez trouver ici quelque savant traité sur les régions que nous avons parcourues. Nous n'avons consigné dans ces pages que ce que nous avons rencontré de plus frappant et de plus beau; ce sont les traces du catholicisme dans cette Suisse qui a trahi sa foi séculaire; ce sont les vestiges de la sainteté dans cette Savoie qui donna le jour à François de Sales; c'est, dans l'une et l'autre de ces deux contrées voisines, la puissance de Dieu se jouant, comme dit l'Écriture, sur l'orbe de la terre avec une virtuosité incomparable. Je sais qu'une montagne est moins grande qu'une âme, et qu'il faut plus de force créatrice pour faire l'homme que pour réaliser tous les mondes. Pourtant, ces masses géantes des montagnes, ces roches énormes fondues d'une seule coulée, ces bouleversements où se trahit toute l'horreur du désordre, toute cette grandeur vous impose et vous écrase. Mais, vous faites un pas, et voici que vous voyez éclater tous les sourires de la grâce, ruisseaux étincelants, lacs endormis portant dans leur sein tout l'azur du ciel, fraîches vallées, vertes prairies, coquets villages aux toits de tuiles rouges, chalets solitaires éparpillés sous les sapins. Cette fois, cela vous ravit, et vous gardez de cette double et contraire impression un charme si profond qu'il ne s'effacera plus.

J'espère compléter ces impressions plus tard, en allant visiter à son tour la grande Suisse de Guillaume Tell, avec ses blanches cimes inaccessibles et ses lacs admirables, bijoux de cristal et d'émeraude enchâssés dans le cadre inégal des sommets éternels.

Peut-être même retournerons-nous quelque jour en ce gracieux pays de Savoie, où la nature, en se faisant moins sauvage, semble vouloir multiplier ses séductions.

En attendant, lecteur, je t'invite à lire les présentes pages, souhaitant de tout mon cœur que tu trouves autant de plaisir à parcourir mes esquisses que j'en ai eu à les crayonner pour toi.

VUES DE SUISSE

ET

DE SAVOIE

I

BELFORT

Départ. — Itinerarium. — De Paris à Belfort. — Le général Négrier. — L'église. — Une statue. — Le lion de Belfort. — Sur les bords de la Savoureuse. — Les villes frontières. — De Belfort à Berne.

23 août.

La machine, en tête du train qui attend, fume et murmure sourdement dans sa cuirasse de cuivre brillante comme de l'or. La foule se presse sur le quai, dans la gare sonore, pleine de bruit. On rit, on pleure, on se serre la main, on s'embrasse. Moi, pendant ce temps, je contemple le monstre qui, dans quelques instants, va s'élancer et nous entraîner. Il halète et respire comme un être vivant; ses organes compliqués suent et écument déjà; ses membres d'acier sont tendus, prêts à se détendre avec une force irrésistible. Mais un appel m'arrache à ma contemplation. Nous prenons nos places. Les portières se ferment. L'heure sonne. Nous partons.

Rien d'extraordinaire, certes, en un pareil départ. C'est ainsi que des milliers de voyageurs s'embarquent chaque jour. Cependant, quand on réfléchit à la fragilité de la vie humaine, aux embûches que le malheur nous tend à chaque pas de notre route, à la brutalité aveugle des éléments qui nous emportent à travers l'espace, aux trahisons de la vapeur, aux perfidies de la nature, aux infirmités secrètes des œuvres de l'homme, machines et wagons, ponts de pierre ou de fer suspendus sur les abîmes, on ne peut s'empêcher de penser qu'un voyage est toujours une chose importante dans une existence, et que celui qui part, incertain de revenir, joue un jeu terrible, où il peut perdre jusqu'à sa vie elle-même. On prend le train pour la station voisine, et, quelquefois, c'est à l'éternité qu'on aborde.

Tout au plaisir ou aux affaires, bien peu élèvent leurs idées jusque-là. Rien de plus naturel pour nous, croyants, amis du Christ et ses prêtres.

Aussi les sveltes tours de la cathédrale n'ont pas encore disparu à l'horizon, que déjà nous sommes en prière, demandant au Dieu sans la permission de qui rien n'arrive en ce monde, « d'être notre égide dans les agitations de chaque jour, notre repos dans la route, notre ombrage sous les climats brûlants, notre abri contre les humeurs du ciel, notre char à l'heure des fatigues, notre recours dans l'adversité, notre bâton sur les pentes glissantes, notre port dans le naufrage (1). » Lui qui a « envoyé Raphaël au jeune Tobie, lui seul peut nous ramener paisiblement, en salut et

(1) Itinerarium.

en joie (1), » aux doux et chers rivages que nous venons de quitter.

Nous nous abandonnons alors à l'ivresse qu'on éprouve toujours à se sentir entraîner vers les pays inconnus. Nous traversons la Beauce, toute blonde encore de l'or des blés mûrs, puis ces charmants paysages bossués d'élégantes collines, creusés de petites vallées mystérieuses, qui séparent Étampes de Paris. Le soleil est de la fête. Près de se coucher, il jette dans les nuages pourprés de l'Occident de longues traînées de rayons, qui le font ressembler à un gigantesque ostensoir. Tout sourit au dedans et au dehors de nous.

A peine deux heures d'arrêt dans la Ville-Lumière, comme disait feu Hugo. Les dernières lueurs du jour nous trouvent sur le chemin de Belfort, car il est entendu qu'avant de passer en Italie, nous verrons un petit coin de la Suisse. Bientôt la nuit est tombée tout à fait, nuit sans lune qui

(1) Itinenarium.

n'est éclairée que par « cette obscure clarté qui tombe des étoiles. » Vainement je me penche à la portière, ouvrant de grands yeux pour distinguer quelque chose dans cette ombre lumineuse. Je ne vois que des formes pâles et indécises, arbres fantastiques, maisons blanchâtres, vastes champs uniformes. Et nous glissons ainsi sur nos rails avec un bruit effrayant, au sein d'un silence sans borne, dans une nature qui semble sans vie. Notre course ressemble à une fuite effrénée dans les limbes. Le sommeil, en vain longtemps appelé, vient enfin, avec ces rêves étranges et pénibles qui l'accompagnent en chemin de fer. Quand nous rouvrons les yeux, nous ne sommes plus dans les vastes plaines de la Champagne; le train s'engage dans des tranchées profondes, puis sort de ces longs fossés encore pleins de nuit, et domine des vallées et des coteaux où circulent déjà les premiers sourires de l'aube. Voici des mamelons couronnés de quelques arbres à tête ronde; voici une gorge que coupe au loin dans la brume matinale une colline boisée. Dans un bouquet de pins et de peupliers, voici un village. Il semble que la locomotive plus haletante ralentisse sa marche, comme si elle gravissait les premières rampes des montagnes déjà voisines. Le soleil qui se lève dans les nuages immobiles, éclaire la vallée de la Marne, douce vallée, pleine de caprices, où surabondent les points de vue pittoresques. Les villes et les villages, avec leurs églises et leurs tours presque toujours pareilles, se dressent sur le front des collines, encadrés de fraîche verdure. Langres surgit tout à coup, dans sa position admirable, précédée de la Vierge qui la sauva en 1870. Et la rivière apparaît, disparaît et reparaît tour à tour et sans cesse, promenant ses méandres en des courbes d'une grâce infinie. Nous voyons fuir encore des collines après des collines. Nous franchissons la Saône, large et profonde comme un fleuve. Nous longeons quelque temps la chaîne des monts Jurassiques. Dans la plaine, des enfants gardent les moutons ou les vaches, pendant que les hommes aiguillonnent les grands bœufs qui, avec la lenteur de la force, tirent la charrue dans les guérets. Le train nous emporte comme un torrent, d'abord sur un plateau légèrement ondulé, puis en pleines montagnes. Les Vosges, abruptes comme un mur, assombrissent tout l'horizon de leur épaisse et noire toison de sapins. Ni le vent ni le soleil n'ont pu dissiper les brumes du matin, et les nuages lourds se déchirent à leur crète. Quelques tunnels, quelques tranchées pratiquées dans le roc rougeâtre de la montagne, et nous sommes à Belfort.

Nous n'avions que quelques heures à y passer; mais le hasard voulut que la première figure que nous y rencontrions fût celle du général Négrier, le héros bien connu de nos guerres tonkinoises, aujourd'hui général commandant l'armée qui veille aux frontières d'Alsace. Nous nous sentons près des chères provinces que la France mutilée réclame toujours, et nos cœurs attristés ne peuvent s'empêcher de rêver des jours de revanche et de victoire!

Pour ce qui est de la ville, elle est vite vue. Rebâtie après la guerre, elle aligne ses rues presque neuves avec une régularité toute moderne. Des officiers passent, graves, comme s'ils sentaient constamment qu'ils sont aux avant-postes de la patrie. De gros enfants joufflus, un peu barbouillés, jouent çà et là, et vous regardent avec de beaux yeux bleus étonnés. Sauf l'église qui, je crois, est de Louis XIV, et qui est très belle, aucun monument n'attire le regard. Je me trompe. Il y a sur la vieille place un groupe de marbre d'une bien patriotique éloquence, mémorial de la dernière guerre. Un soldat tombe, frappé d'une balle en plein cœur. Son fusil lui échappe. Mais une femme est là qui, d'une main, soutient le blessé et, de l'autre, saisit son arme, prête à le venger. Cette femme, jeune et belle, porte la coiffure alsacienne. Elle symbolise l'héroïque courage de Belfort, et de toute cette Alsace, qui se battit si vaillamment pour rester française.

Un autre monument existe encore dans cette petite ville, celui-là, gigantesque : c'est le fameux lion sculpté dans le granit de la montagne, sur laquelle est bâtie la citadelle. L'énorme fauve de pierre est accroupi comme au fond de son antre ; sa longue queue balaie ses flancs puissants ; une flèche l'a atteint en plein cœur, mais de ses pattes nerveuses il l'a saisie et il la brise. Il est blessé, le grand lion devant qui tout tremblait ! Cependant sa tête invincible sur laquelle frémit sa crinière, se redresse et menace encore. On croit entendre sortir des entrailles du rocher un mugissement formidable. Il est blessé, le grand lion ; mais malheur à qui approchera !

C'est là-haut entre ces puissantes murailles du fort, c'est ici dans cette vallée où nous sommes, sur les rives de cette paisible *Savoureuse* qui coule à nos pieds, c'est là-bas sur ces sommets bastionnés, que se sont déroulées les péripéties sanglantes de trois sièges fameux, en 1814, en 1815 et en 1870. Dans cet air si calme, dans ce paysage si doux malgré sa grandeur, les canons ont rugi, la fusillade a éclaté, les baïonnettes ont relui, et, dans l'horreur des combats sans espoir, nos soldats ont râlé dans les affres de la mort, couchés sur le sol rouge des Vosges, qui semble avoir gardé la couleur de leur sang.

Quel sort terrible que celui des villes frontières ! Au premier bruit de guerre, il faut qu'elles s'arment. L'ennemi arrive, il faut qu'elles se défendent. Les maisons flambent, les toits sont crevés par les bombes; la famine, inséparable compagne des longues défenses, vient mêler ses lancinantes souffrances à tant d'horreurs tragiques. Et d'une belle cité florissante, rien ne reste plus bientôt, que des ruines amassées, des cadavres sous la terre, et quelques habitants en deuil plus semblables, après tant de privations et d'angoisses, à des spectres qu'à des hommes.

Mais voyez quel puissant amour est celui du sol natal. Comme l'hirondelle qui rebâtit à la même place son petit nid de paille et de boue qu'un en-

Fig. 2. — Vue de Belfort.

fant cruel a détruit, comme la fourmilière refait les étroites cellules que le pied du passant a défoncées, les hommes, oublieux des malheurs passés et sans aucun souci des éventualités de l'avenir, relèvent leurs murailles éboulées, reconstruisent avec les débris de la ville ancienne une ville nouvelle, et, après quelques années, la vie s'épanouit et bourdonne de nouveau sur le grand silence des tombes.

Il m'a semblé pourtant, en parcourant Belfort, bien à la hâte, il est vrai, remarquer plus de gravité que dans la plupart de nos villes de France. Les visages ne sont pas tristes, mais ils respirent un sérieux inaccoutumé. Est-ce le caractère de la contrée? N'est-ce pas plutôt l'indice que les épreuves ont rendu ici les âmes plus profondes? Quoi qu'il en soit, j'aime cette ville et j'aime ce peuple. Belfort, parmi nos plus orgueilleuses cités, est une cité de première noblesse.

Mais il faut nous arracher à ce mélancolique pays si plein d'héroïques et tristes souvenirs. Vers midi, nous sommes à la gare, prêts à repartir. Dans la foule des voyageurs qui s'y pressent, nous remarquons un grand individu, tout de noir habillé, que cinq ou six jeunes gens entourent. Il semble parler sérieusement et avec une certaine ardeur. — C'est un député, dit l'un de nous. — Certainement, un homme politique important de la contrée, reprend un autre. — Et nous passions notre chemin, lorsque les yeux de l'illustre personnage s'abaissèrent sur nous. Aussitôt son visage pâlit, ses prunelles dilatées lancent des flammes, puis, jetant un éclat de rire strident : — Trois curés! s'écria-t-il, pour sûr, nous aurons un déraillement. — Ont-ils de l'esprit, ces gens-là!!!

Nous partons pour Berne. Des pentes boisées, de petites plaines, de doux paysages alsaciens qu'un rayon de soleil éclaire ; derrière et devant nous, des croupes de montagnes s'étageant dans une brume presque bleue, tel est le tableau qui se déroule devant nous. Aux environs de Delle seulement, les rampes deviennent plus rapides.

Çà et là, la terre, mal couverte par la verdure des arbres, montre sa puissante ossature. Quelque chose de doux et de sauvage annonce déjà la Suisse. Ce sont des prairies tapissées de velours verts, des vallées arrosées d'eaux limpides se perdant dans la noirceur des pins, des déchirures profondes, des blessures de la montagne qui mettent à nu tous ses os, des cirques immenses aux parois de rocher, des murailles toutes droites couronnées par des dentelures de créneaux et semblables à des citadelles de géants. A Bienne, nous apercevons un instant le lac du même nom, dominé par une croupe énorme qui, longtemps encore après qu'on a quitté cette ville, pyramide au loin et remplit l'horizon. Le soleil se couche quand nous passons à Zollikofen, théâtre huit jours auparavant d'un de ces accidents terribles qui de temps en temps ensanglantent nos voies ferrées. Nous voyons la place où furent couchés les cadavres, et la terre bouleversée, encore humide de leur sang. Nous arrivons à Berne à la nuit.

II

BERNE

A travers la ville. — Le Palais fédéral. — La Plate-forme. — Berthold. — Récit dramatique du cocher. — La cathédrale. — Tristesse. — La Tour de l'Horloge. — Dans les rues. — Les Caves de la Suisse. — Fâcheuse erreur. — Les ours de Berne. — Promenade.

24 août.

Le soleil est à peine sorti des brumes matinales, que nous nous promenons déjà par la ville. Nous errons au hasard, cherchant à nous en faire une idée générale. Nous nous perdons ; nous demandons notre chemin ; on nous répond en mauvais allemand que nous ne comprenons pas. Un jeune homme vient à nous qui nous renseigne poliment, nous repartons ; mais, voyant bientôt que nous perdons un temps précieux, nous avisons un cocher qui sait trois mots de français, et nous commençons nos visites.

Nous passons devant l'ancien et le nouveau Palais fédéral, monuments lourds et massifs, entassements réguliers de pierres brutes ou taillées, où rien d'artistique n'attire le regard. Évidemment ce petit peuple a cédé à la tentation des faibles ; il a voulu faire grand. Il n'a réussi qu'à entasser des blocs sur des blocs. Il y a dans ce quartier de belles rues toutes neuves et bien alignées, avec de riches magasins aux enseignes brillantes, tout comme à Paris. Cela nous intéresse peu, et c'est avec un vrai bonheur que nous descendons à la Plate-forme.

La Plate-forme est une grande place rectangulaire ombragée d'arbres et de bosquets. Au milieu, la statue de Berthold, fondateur de la ville. Le héros est fièrement debout dans son armure, un ours mort à ses pieds. Çà et là, des bustes de grands hommes plus ou moins inconnus. Ce qu'il

Fig. 3. — Vue de Berne.

y a de plus ravissant, c'est la vue. En haut, la ville avec ses monuments civiques et religieux. En bas, un vieux faubourg que traverse l'Aar aux eaux bleuâtres; sur le fleuve un pont d'une hardiesse prodigieuse. Et au loin, tout autour, un cercle inégal de montagnes grandioses.

Notre cocher, qui a attaché son cheval, vient à nous et, nous conduisant vers le milieu de la balustrade : — Regardez, nous dit-il. — Nous nous penchons et nous voyons, au-dessous du mur à pic, d'une profondeur qui donne le vertige, une rue étroite entre des maisons qui semblent toutes petites.

« Une nuit qu'il neigeait, continue notre cocher, un jeune Bernois sortait à cheval de la ville. Comment cela se fit, on ne sait; mais il se trompa de route. Il y avait ici un précipice; le jeune homme poussa son cheval, et tomba à cent pieds dans cet abîme. Le cheval fut brisé et tué : le cavalier n'eut pas même une foulure. »

« Frappé de ce prodige, notre jeune homme

se fit pasteur, et il a fait placer ici cette plaque de marbre pour en rappeler le souvenir. »

Nous vîmes la plaque de marbre, et sans nous amuser à la déchiffrer, nous nous contentâmes du récit dramatique qu'on venait de nous faire.

Presque de tous les points de la ville, on aperçoit, haussant son dos aigu au-dessus de l'amas pressé des maisons, une vaste construction dominée elle-même par un échafaudage gigantesque. C'est la cathédrale de Berne, avec sa tour inachevée à laquelle on travaille activement, et qui atteindra une hauteur de cent mètres.

Nous sommes bientôt devant le superbe édifice. Là, nous tombons en extase devant son admirable portail. Chef-d'œuvre d'Erhard Küng, il date du quinzième siècle. Sur les côtés, des peintures à fresques représentent à droite l'Annonciation et à gauche la chute de l'homme. Heureux rapprochement qui évoque en même temps les deux plus grands souvenirs religieux intéressant l'humanité. Mais le plus curieux est bien à coup sûr le Jugement dernier, avec les vierges folles et les vierges sages, sculpté en relief au-dessus de la porte. La scène, très naïve, est pleine d'originalité, de sincérité et de mouvement. Effarées ou béates, les têtes se pressent et s'agitent, pendant que les corps maladroits tournent, montent ou s'enfuient. C'est un émerveillement.

On n'est pas moins ravi, quand franchissant le seuil, on pénètre dans la nef centrale : elle s'allonge et s'élance, largement éclairée par ses hautes fenêtres armoriées, et présente à l'œil l'un des plus beaux vaisseaux gothiques qu'on puisse voir. Nous avançons, admirant tour à tour les fonts baptismaux et la chaire, les stalles en chêne sculpté, ornées de figures très drôles et de sujets admirablement traités, représentant les grands hommes de l'Ancien Testament et les apôtres de Jésus-Christ. Mais tout d'un coup, nous nous arrêtons, le cœur glacé. Nous sommes dans le sanctuaire vide, nu et triste. Vainement le soleil jette à profusion dans la vaste enceinte ses rayons que les vitraux colorent. La belle lumière ne suffit pas à peupler ce désert d'où nous sentons Dieu absent. Point d'autel, en effet, point de tabernacle, point de lampe gracieusement supendue à la voûte, nuit et jour allumée, humble étoile révélatrice. Simplement, au milieu, une grande table de marbre noir, d'un effet lugubre, sur laquelle le pasteur pratique le mémorial de la Cène.

Voilà le sombre aspect que prend infailliblement toute église catholique tombée aux mains des réformés. Elle pleure comme les rues de Sion abandonnée. Bien plus, elle devient incompréhensible, car à quoi bon toutes ces sculptures, tous ces marbres, tous ces chefs-d'œuvre de l'art, toutes ces richesses et toutes ces splendeurs d'une demeure plus que royale, si Dieu n'est pas là? Aussi, la grande église semble-t-elle attendre des jours meilleurs. Au milieu du peuple devenu protestant, elle est restée catholique, fille de la pure foi qui l'a bâtie; et, témoin séculaire du changement qui a précipité Berne dans l'hérésie, elle proteste, par sa destination visible, par sa forme, par ses pierres elles-mêmes, contre l'infidélité de la grande cité qui s'agite autour d'elle.

Fig. 4. — Tour de l'Horloge.

Nous remontons en voiture, et nous voilà de nouveau courant à travers la ville. On nous conduit à la Tour de l'Horloge. Je ne sais quel système fait paraître et mouvoir des personnages audessus du cadran, chaque fois que l'heure sonne. Par malheur, l'horloge est arrêtée.

Un monsieur à bedaine énorme se démène comme un furieux devant sa femme et sa fille.

— Comment! s'écrie-t-il, en montrant sur le cadran doré les longues aiguilles immobiles, je viens à Berne exprès pour voir cette fameuse horloge, et elle ne marche pas!

— Tais-toi donc, mon ami! soupire l'épouse.

— Papa, on te regarde, ne crie pas ainsi! gémit la jeune fille.

Mais lui crie de plus belle.

— Non, non, poursuit-il, on ne joue pas de pareils tours aux gens! C'est se moquer du monde. Faites donc deux cents lieues pour aller voir une horloge. Vous arrivez : l'horloge est arrêtée!...

Jamais nous n'avions vu une aussi tonitruante indignation. Nous sommes déjà loin, que nous entendons encore ce forcené protester, objurguer et sacrer, planté devant l'horloge impassible.

Mais d'autres spectacles sollicitent notre curiosité. Nous traversons des rues et des rues, des marchés et des marchés, où grouille un peuple de paysans les plus pittoresques du monde. C'est à peine si nous pouvons avancer, au milieu des voitures qui vont et viennent, des fruits entassés, des volailles effarouchées, des boucheries en plein vent, des paniers remplis, qui s'entassent et débordent la limite des arcades, sous lesquelles sont assis marchands et marchandes. Notre costume de prêtres français attire l'attention : on nous regarde, quelquefois avec un sourire, mais sans hostilité. Nous arrivons ainsi aux *Caves de Berne,* appelées aussi les *Caves de la Suisse.* C'est un souterrain muré, assez long et élevé, dans lequel les quatorze cantons de la Suisse ont installé chacun un gigantesque tonneau. Il paraît qu'autrefois ces tonneaux étaient toujours pleins du petit vin du pays, et que les pauvres gens qui venaient à Berne avaient le droit de s'y désaltérer. Ces heureux temps sont passés, hélas ! Un coup de canne donné sur leurs vieilles douelles éveille des échos formidables dans leurs flancs vides! Cependant, pour conserver autant que possible l'ancienne tradition, une buvette est installée à l'entrée, dans laquelle on donne à boire aux ouvriers et aux paysans presque pour rien. On nous offre gracieusement de profiter de ces avantages, mais nous ne voulons pas abuser de la générosité de la Suisse; nous refusons, et remontons vers la lumière.

— Y a-t-il une église catholique à Berne?

— Certainement.

Et nous voilà partis, sur la foi de notre aimable automédon. Nous éprouvions le besoin de nous retrouver chez nous sur ce sol étranger, et de prier au pied d'un autel catholique, dans un temple habité par Dieu.

— C'est ici.

Nous entrons, et nous trouvons une assez jolie église, toute neuve. Une crypte à peine achevée se prolonge sous le monument. Nous nous croyons sur notre terrain et nous prions de tout notre cœur. Nous sortons.

A une fenêtre, une figure étonnée nous regarde curieusement. Évidemment, c'est un prêtre, peut-être le curé de la paroisse, ou plutôt le desservant de l'église que nous venons de quitter. Nous saluons respectueusement. Pas de réponse. Nous recommençons. La tête rougit, s'incline et disparaît.

Un doute nous vient.

— C'est bien une église catholique, que nous venons de visiter?

— Oh! oui.

— Catholique romaine?

— Oui, Messieurs, catholique romaine des *vieux catholiques!...*

Cette réflexion saugrenue nous rappela l'un des faits les plus odieux de ce temps. Il y a quelques années, les catholiques de Berne, j'entends les vrais, sentant que leur nombre s'accroissait, formèrent le noble dessein de bâtir une église. Ils quêtèrent dans toute l'Europe. L'argent arriva, comme toujours, sans se faire prier. Sans attendre, on se mit à l'œuvre. Bientôt une belle église surgissait du sol, prête à recevoir le petit troupeau des vaillants fidèles. Ils comptaient sur la justice, les braves gens; mais ils comptaient aussi sans la partialité fanatique du gouvernement protestant et persécuteur. L'église finie, on la donna à la secte des vieux catholiques. A l'heure qu'il est, l'évêque de Berne dit la messe dans une grange!

Nous ne pûmes nous empêcher de sourire de la naïveté de notre brave cocher, et, sans lui tenir rancune de nous avoir induits en erreur, nous lui demandâmes de nous conduire à la fameuse cage où Berne, en souvenir de sa fondation, nourrit des ours éternellement.

Personne n'ignore, en effet, que Berthold baptisa sa jeune création, en empruntant son nom à l'ours qu'il avait tué à la chasse : *Bær*, d'où Berne.

Après quelques tours de roues, nous sommes à cet endroit sacré de la vieille cité suisse. C'est tout au bas de la ville, non loin de l'Aar, au pied d'une hauteur boisée.

Nous espérions voir là toute une famille de fauves superbes, grassement nourris par la piété reconnaissante d'un peuple, regrettant peut-être la liberté de leurs montagnes, mais fiers quand même, et ayant une vague conscience de leur dignité.

Ah bien, oui. Deux petits oursons, chétifs et l'air malade, étaient couchés au fond d'une fosse malpropre. De temps en temps, ils ouvraient un œil éteint et remuaient une patte, seul signe auquel on pût reconnaître qu'ils n'étaient pas empaillés.

Il nous restait un peu de temps à dépenser. Une belle promenade alignait à notre gauche ses arbres séculaires au riche ombrage. Nous nous y engageâmes. Tout en causant, nous arrivâmes au point culminant de la ville. Nous jetâmes un dernier regard sur le paysage incomparable qui l'entoure et, de là-haut, nous lui dîmes un éternel adieu.

Un peu plus tard, nous étions sur la route de Fribourg.

III

FRIBOURG

Arrivée. — La cathédrale. — Les fameuses orgues d'Aloyse Mooser. — Histoire de celui-ci et de celles-là. — Le tilleul. — Les trois ponts. — Dans le viaduc. — Adieux à la ville.

24 août.

De Berne à Fribourg, il n'y a qu'un saut. On traverse un pays de montagnes assez joli, mais sans caractère bien particulier. Moins de pittoresque, mais plus de richesse. Les Alpes bernoises et les hauteurs du Jura se répandent au loin dans les brumes de l'horizon.

Nous arrivons vers une heure après midi.

Les abords de la ville promettent peu. Quelques maisons, de construction moderne, avoisinent la gare. Des poules qui gloussent au seuil des portes, les voitures de foin qui descendent la rue, les paysans qui passent, tout concourt à vous donner de cette antique et célèbre cité l'idée d'un assez gros bourg de campagne.

Nous descendons dans une mauvaise auberge, où, néanmoins, on nous accueille avec empressement.

Nous déjeunons légèrement, et de nouveau nous voilà partis.

De fait, la ville est pittoresque et mérite d'être visitée.

C'est la cathédrale qui, cette fois encore, reçoit notre première visite. Après avoir traversé quelques vieilles rues fortement accidentées, nous nous trouvons en face d'un portail gothique d'un assez beau caractère. Le temple lui-même est régulier et d'un style très pur. Je dois avouer cependant que je ne l'ai regardé que d'un œil distrait. C'est que là-haut, dans la tribune, au-dessus de la porte d'entrée, chantaient les orgues fameuses d'Aloyse Mooser.

Évidemment, l'artiste ne valait pas l'instrument; mais l'instrument est admirable. Les sons, d'une douceur, d'une force et d'une accentuation inouies, sortent, roulent, s'épandent dans le vaste vaisseau, le remplissant de soupirs et de colères avec des nuances si exquises et si pures, qu'on croirait qu'une âme vivante et sensible est enfermée dans ce corps des orgues, fait de bois et de métal. Pareil au moine de la légende, je serais resté un siècle à entendre seulement le son de ces voix si étrangement expressives. Je compris là, la sublime folie du maître à qui l'on doit ce chef-d'œuvre, et je sentis qu'en vérité, il avait laissé dans ces notes vibrantes une partie de lui-même.

Vous connaissez cette histoire.

Il n'y a guère que cent ans, naquit à Fribourg, d'une honnête famille allemande, un bon gros garçon qui, dès qu'il put dire deux mots, ne parla plus que de faire des orgues. Chaque dimanche, il allait à la messe dans la vieille collégiale de Saint-Nicolas. Les cloches avaient sonné, et il aimait le son des cloches. Mais sitôt que les orgues avaient commencé à chanter, il n'appartenait plus à la terre. Il entrait en extase, le bon petit Aloyse Mooser, et son extase ne finissait qu'avec l'*Ite Missa est*, quand les grandes voix qui tombaient de la tribune où était installé le merveilleux instrument, emplissaient une dernière fois le temple de leurs puissants éclats, et s'en venaient mourir contre les hautes murailles en un suprême et harmonieux soupir. Et l'enfant revenait de l'église tout rêveur et tout triste, parce que les orgues s'étaient tues. Et toujours il disait : quand je serai grand, je ferai des orgues, comme celui de Saint-Nicolas. Il fut grand : on lui laissa suivre sa vocation. Voilà donc notre Aloyse au comble du bonheur. Il parcourt le monde en faisant des orgues ; il laisse partout ces belles et saintes chanteuses, qui redisent la gloire de Dieu et sa propre habileté. Il devient célèbre et presque riche. Seulement il a vieilli, et le vieux Mooser veut, avant de mourir, entendre encore une fois les orgues qui ont ravi son enfance et fait germer sa vocation. Il revient à Fribourg. Hélas! la foudre, en tombant sur l'église, avait détruit les orgues de Saint-Nicolas. Rien n'en restait que des cendres et du plomb fondu! Le vieil artiste fut un peu désappointé : tout ce qui tient à notre enfance nous est si cher! Mais il s'en consola bien vite. — Dieu n'a permis que le feu du ciel détruise les orgues anciennes, que pour que j'en construise de nouvelles, se dit-il. — Et il se promit bien de terminer sa carrière en léguant à sa ville natale le chef-d'œuvre des chefs-d'œuvre. Il se mit à son noble ouvrage, et bientôt sur la haute tribune se dressait comme par enchantement, une forêt de tuyaux brillants. Il y en avait de plus grands, il y en avait de plus petits, mais tous avaient une voix très douce ou très forte, et l'on n'eût pas trouvé un bruit de la nature qui n'eût là son semblable. Tantôt, c'était le rugissement du tonnerre ou le tumulte des grandes eaux; tantôt c'était le son lointain du cor au fond des bois. Quelquefois c'était une fanfare guerrière avec les appels éclatants des trompettes sonores; ou bien le doux chant de la flûte, comme si quelque berger invisible avait joué quelque air rustique tel que ceux qu'on entend le soir dans les vallées. On croyait aussi entendre, à certain moment, le frémissement du vent dans les feuilles; à d'autres, c'étaient des chants d'oiseaux; à d'autres, c'était la voix humaine qui s'élevait, grave, souple et timbrée, à ce point que ceux qui ne savaient pas d'où elle venait, prêtaient l'oreille pour distinguer les mots. D'autres fois, toutes ces voix éclataient ensemble, et alors on ne savait plus que penser, parce qu'on eût dit que tout un peuple était là-haut, muni d'instruments de toutes sortes et jouant des airs inconnus jusque-là sur la terre.

Incontestablement l'orgue de Mooser était une merveille. Pourtant Mooser n'était pas encore content. Est-ce un conte? ou l'ai-je rêvé? L'illustre artiste ne dormait plus. Jour et nuit, il fondait des métaux, mêlant dans ses creusets l'or et l'étain, l'argent et le plomb, cherchant, en un mot, une combinaison qui fît rendre au métal un son inouï, et tel qu'on n'en entend qu'au ciel, au pied du trône de Dieu. Acharné dans sa recherche de l'impossible, il passa ainsi plusieurs mois dans la plus violente intensité de souffrance et de désir. Mais tout fut vain : il ne put rien trouver de mieux que ce qu'il avait fait, et l'orgue de Fribourg resta au-dessous de ce que son auteur espérait.

En 1839, le grand artiste alla, après une vie admirablement chrétienne, entendre dans l'éternité les belles orgues du Paradis.

L'esprit occupé de ces poétiques souvenirs, et l'oreille pleine encore des harmonies que nous venions d'entendre, nous avons voulu, avant de quitter la charmante Fribourg, faire une petite promenade autour de son enceinte.

— Voilà le Tilleul! nous dit le cocher, comme nous passions sur la petite place de la maison de ville. Et en même temps, il arrêta sa voiture pour nous permettre de voir à loisir cet arbre vénéble qui, s'il faut en croire la tradition, est contemporain de la ville elle-même. Le jour où les Suisses écrasèrent les troupes de Charles le Téméraire, avant même de se donner le sauvage plaisir d'élever un monument à leur victoire avec les cadavres des Bourguignons, ils envoyèrent à Fribourg un messager rapide, tout comme les Grecs après Salamine. Incapable de parler après sa course, le soldat, arrivé près d'un tilleul, en arracha une branche et l'agita au-dessus de sa tête, en signe de triomphe, puis il tomba raide mort. On planta cette branche à l'endroit où s'était affaissé le messager héroïque; elle prit racine, grandit et devint un arbre. Depuis lors, le peuple l'a soigné et vénéré, et il l'honore encore à cette heure comme le plus sacré de ses monuments patriotiques. Il lui semble que ce vieillard lui raconte toujours les gloires d'autrefois.

Il y a nombre d'années, il s'était desséché et flétri; ses rameaux sans sève mouraient et tombaient les uns après les autres. On parlait déjà

Fig. 6. — Cathédrale de Fribourg.

de l'abattre. Un jour, les jeunes gens qui jouaient sur la place jetèrent, pour rire, des étoupes enflammées dans le tronc crevassé du vieil arbre; aussitôt le feu s'allume, la flamme monte et entoure le tilleul d'une couronne d'étincelles. Mais un cri d'alarme se fait entendre, le patriotisme endormi se réveille; on accourt de toutes parts, l'eau coule à grands flots sur l'incendie, et le feu en quelques instants est éteint. On laissa là le tronc noirci et cicatrisé par les flammes, trop persuadé, hélas! qu'il ne revivrait pas. On se trompait. L'eau avait ressuscité la sève et la vie au cœur de l'arbre, et, au printemps suivant, il se couvrait de feuillage et de fleurs, tout hérissé de pousses nouvelles, marque certaine qu'il n'était pas encore près de périr. Et aujourd'hui, comme dans les siècles passés, son dôme ombreux abrite encore les actes du pouvoir public affichés sur sa vivace écorce.

Après avoir salué, nous aussi, après tant d'autres, ce glorieux mémorial d'une victoire dont nous ne gardons nullement rancune à la Suisse, nous nous dirigeons du côté où coule la Sarine. C'est une rivière torrentueuse profondément encaissée entre ses rives, et qui sort, avant de baigner les pieds de la ville, d'une gorge sauvage toute hérissée de sapins plus noirs que des cyprès.

Trois ponts la traversent, trois ponts d'une incroyable hardiesse. Nous les passons tour à tour. Nous nous donnons même le plaisir de franchir le viaduc du chemin de fer, pendant qu'un train roule à grand bruit au-dessus de nos têtes. Nous marchons ainsi sur les planches à peine jointes, au dessus d'un abîme vertigineux, ayant un formidable tonnerre au-dessus de nous. Tout tremble et chancelle. Les tiges de fer sur lesquelles nous nous appuyons, frémissent et communiquent à nos membres un fourmillement étrange. Nous sentons qu'il suffirait d'un rien pour que tout croule, et nous éprouvons à cette pensée une extraordinaire jouissance, tant le péril a de charmes pour l'homme.

Enfin le train a passé, le grand pont de fer reprend son équilibre. Un reste de peur nous fait encore battre le cœur, quand nous regardons à cent pieds au-dessous de nous les flots rapides qui s'en vont. Mais nous sentons qu'il n'y a plus aucun danger, et nous jouissons pleinement cette fois du magnifique panorama qui se développe sous nos yeux. Ce sont les montagnes, c'est la rivière, c'est la ville qui s'étage sur sa hauteur au milieu du cirque où elle est bâtie. Le soleil qui s'incline dore toutes choses d'une lumière plus douce. Une paix infinie enveloppe ce coin privilégié de la Suisse. Longuement nous goûtons le charme profond qui semble tomber du ciel et s'exhaler de la terre.

Des chants retentissent dans la vallée. Un chœur montagnard frappe nos oreilles. C'est une marche ardente, dont la liberté elle-même semble avoir dicté la musique :

LES CHASSEURS MONTAGNARDS.

Fils amoureux de la montagne
Dont la cime au soleil reluit,
Sans craindre que l'ombre nous gagne,
Ayant la liberté pour unique compagne,
Par les sentiers étroits nous marchons jour et nuit!...

*

Courons, volons de roche en roche;
Un vrai chasseur ignore le danger!
Courons, volons de roche en roche!
Oui, volons, volons! là tout proche
Va bondir le chamois léger!...

*

Si parfois notre ciel se voile,
Des nuages noirs et pesants
Nous déchirons l'humide toile
Et nous allons plus haut voir resplendir l'étoile,
Qui cache son front d'or à l'œil des paysans!...

*

Nous allons, les pieds dans la neige,
Et sur les rochers aux flancs nus;
Les nuages nous font cortège,
Et le vent qui mugit sur les pics qu'il assiège,
Fait vibrer sous nos pas des concerts inconnus!...

Comme l'aigle qui, parfois, passe
Dans l'azur des cieux infinis,
Nous sommes les rois de l'espace!
D'en bas, saluez tous le fier chasseur qui passe,
O laboureurs, courbés sur les sillons brunis!...

*

Courons, volons de roche en roche;
Un vrai chasseur ignore le danger!
Courons, volons de roche en roche,
Oui, volons, volons : là, tout proche
Va bondir le chamois léger!...

Un peu plus loin, un groupe de jeunes filles chante à l'unisson une espèce de ballade triste, vague et lente comme une mélopée allemande :

ÉCHO SINISTRE.

Dominant au loin la campagne
Dont son œil voit fumer les toits,
Un pâtre est seul sur la montagne
Et chante, chante à pleine voix!

« Toujours dédaigneux de la plaine,
J'erre près des sommets glacés... »
Mais, triste et comme à bout d'haleine,
Trois fois, l'écho répond : « Assez ! »

*

« Empressés sur les bords du gouffre,
Mes pieds sont bien meurtris et las !... »
Et, comme un cœur blessé qui souffre,
Trois fois, l'écho répond : « Hélas ! »

*

« Salut, salut, belle nature,
Salut et pour moi parle à Dieu... »
Et dans un sombre et long murmure,
Trois fois, l'écho répond : « Adieu ! »

*

« Le ciel est noir; le torrent gronde
Et j'entends de vagues rumeurs... »
Terrible et montant à la ronde,
Trois fois, l'écho répète : « Meurs !.. »

*

Là haut brille la neige blanche,
Mais tout à coup en bloc roulants
Bondit l'effrayante avalanche,
O sommets altiers, sur vos flancs !

Fig. 7. — Vue de Fribourg.

Le pâtre, interrompant sa plainte,
Sous les rochers gît abattu;
Et, frappé par la même atteinte,
Mort avec lui, l'écho s'est tu...

Un petit chemin creux nous reconduit à la ville. A chaque pas, nous rencontrons de braves moissonneurs qui nous saluent. Ce n'est plus l'indifférence un peu railleuse que nous avons rencontrée naguère à Berne : c'est le respect et presque l'affection. On sent qu'ici le Protestantisme n'a pas desséché les cœurs, et que la loi d'amour n'y est pas oubliée.

Bon petit peuple, reste fidèle à la foi des aïeux. Malgré les tracasseries et les persécutions du gouvernement fédéral, tiens bon : l'honneur et la justice sont de ton côté. Berne a trahi l'Église et s'est faite l'apôtre armée de Calvin. Toi, tu n'as su que te défendre et souffrir; mais ta fidélité et tes mœurs antiques te rendent cher à tous les catholiques du monde. Quand ils promènent leurs yeux sur une carte de Suisse, c'est sur ton nom qu'ils arrêtent le doigt, et c'est de toi qu'ils parlent avec le plus d'admiration. Pour moi, j'ai fait, en te visitant, un vrai pèlerinage ; j'ai foulé ton sol avec respect, et ce n'est pas sans regret que je m'éloigne de tes murs...

IV

LAUSANNE

La route. — Au bord du lac. — Promenade matinale dans la ville. — Un bijou d'architecture. — Intérieur de la cathédrale. — Le château. — Au *Signal*. — Les passereaux.

26 août.

C'est à Berne que l'on commence à apercevoir les Alpes. A Fribourg, on les voit se dessiner avec plus de netteté. Mais plus l'on s'avance vers Lausanne, et plus elles s'accusent en se rapprochant. Toutefois, le voyage n'a rien de comparable à la route de Bienne à Berne. Sauf cette grande vision des Alpes à gauche, rien d'accidenté ni de grandiose. Longtemps nous suivons les bords tout verdoyants de vignes du beau lac de Genève, vaste miroir où se reflètent les montagnes voisines. Au moment où le soleil se couche, il se dore, il s'enflamme, il s'empourpre, puis peu à peu pâlit, s'éteint, et meurt pour ainsi dire. Ce n'est bientôt plus, sous les ombres qui s'épaississent, qu'une nappe d'eau brillante aux froids reflets d'acier, à moins que la lune, apparaissant entre deux nuages, n'y laisse flotter sa longue traîne lumineuse. Alors l'onde morte revit, frissonne, étincelle, et prend ce charme inquiétant que l'eau a toujours sous les vagues clartés de la nuit.

Sur les pentes, les chalets allument leurs petites fenêtres. Cela fait qu'il y a presque autant d'étoiles disséminées dans les sombres verdures, que le soir en a semé dans le bleu profond du ciel. Celui d'entre nous à qui la Muse parle quelquefois, crayonne des vers infatigablement. Il nous les a lus ; les voici :

LES CHALETS SUISSES.

I.

O paisibles chalets étagés sur les rampes,
Entre les rochers gris, au pied des noirs sapins,
Vous dont on aperçoit le soir briller les lampes
Comme autant d'astres d'or aux flancs des monts alpins,
Modestes toits, maisons closes de mystère
Et qu'on voit, dans l'azur sans tache, se dresser,
Là-haut, si près du ciel et si loin de la terre
Que sur l'aile du vent vous semblez vous bercer,
Oh! que ne puis-je ici déjà fixer ma course,
Et, seul, dans la montagne où souffle un air si pur,
Sous vos arbres chanteurs, au bord de quelque source,
Goûter la vaste paix, trésor du pâtre obscur!
Comme l'Arabe errant qui regagne les toiles
Dont les plis frissonnants l'abritent dans la nuit,
A l'heure ensommeillée où naissent les étoiles,
O chalets, vous seriez chaque soir mon réduit!
Là, bien mieux mille fois que dans les vastes chambres
Où le riche se couche et ne peut pas dormir,
Sur votre sol battu j'étendrais tous mes membres
En attendant que l'aube aux cieux vienne à frémir!
Là, dans le grand silence où demeurent les choses,
Songeur, j'écouterais le murmure confus
Des nuages passant sur les pics grandioses

Ou tourmentant les pins aux gigantesques fûts;
J'entendrais le torrent emporté vers la plaine
Et roulant dans son lit quelque chêne abattu,
Et tous ces bruits qui font qu'on retient son haleine
Comme si Dieu parlait alors que tout s'est tu...
Et puis, quand le matin de sa lueur vermeille
Colorerait les bords du lointain horizon,
A cette heure indécise où tout encor sommeille,
Je quitterais ton seuil, ô ma chère maison!
La chanson tour à tour et la prière aux lèvres,
Au son des gais grelots, alors, de l'aube au soir,
Parmi les longs troupeaux des vaches et des chèvres,
Sans soucis, à l'abri d'un roc j'irais m'asseoir,
M'asseoir, et sans penser à ce que font les hommes,
Heureux du grand bonheur de n'être rien, rêver
Ces rêves lents et doux, et dormir ces bons sommes
Que l'on voudrait pouvoir ne jamais achever.
Ainsi que les bergers des vieilles bucoliques,
Je jouerais de la flûte à mes moments perdus,
Et si, parfois, les jours étaient mélancoliques,
J'irais chasser l'isard sur les sommets ardus.
Pour me nourrir, j'aurais le pain cuit sous la cendre
Du foyer de bois mort où je me chaufferais.
Pour me désaltérer, — sans avoir à descendre
Au hameau, — le lait blanc, le lait pur toujours frais!
Vêtu comme les gens qui portent l'humble blouse,
Coiffé du grand chapeau qui défend du soleil,

Fig. 8. — Vue de Lausanne.

Je marcherais pieds nus par la verte pelouse,
Pieds nus par le sentier qui mène au pic vermeil.
Et les jours couleraient comme l'onde qui coule
Sur des cailloux unis entre des bords charmants,
Apportant à mon cœur les vrais plaisirs en foule :
Douce succession de doux enchantements!
Car rien ne manquerait à ma riante vie,
Car dans ce cher recoin où j'aurais habité,
Exilé sans regret d'un monde plein d'envie,
J'aurais trouvé le calme avec la liberté!...

II.

Mais non! ce ne sont là que rêves de poète
Un instant enivré par la beauté des monts;
Et qui, dans sa candeur, ne voit que fleurs en fête
Dans ce pays sauvage où souvent la tempête
Passe en renversant tout comme un vol de démons!
Certe, à cette heure, il est splendide, avec ses cîmes
Que la neige à longs plis drape d'un manteau blanc,
Avec ses rochers fiers et ses profonds abîmes,
Et, donnant une vie à ses horreurs sublimes,
Ces troupeaux dispersés près du chalet branlant;
Splendide, quand l'été, qui plane dans l'espace,
Du haut du firmament verse ses rayons d'or
Et fait tout rire aux yeux; quand la brise qui passe
Répand ses parfums purs de sa main jamais lasse

Et que l'aigle au ciel bleu promène son essor!
Mais lorsque vient l'hiver, et que la neige tombe
En couvrant d'un linceul et vallons et sommets,
Pendant que l'on entend au loin rugir la trombe,
La Suisse alors n'est plus qu'une immobile tombe
Où tout un peuple dort, semble-t-il, à jamais!
La pente ne voit plus vagabonder le pâtre,
Ni la chèvre au long poil sur la pointe des rocs
Dresser au vent sa tête obstinée et folâtre :
Le montagnard, penché frileusement sur l'âtre,
Tremble au bruit des glaciers qui s'écroulent par blocs...
D'ailleurs, pourquoi rêver de trouver sur la terre
Un bonheur impossible et qui n'existe pas?
Pourquoi vouloir, fixé dans un lieu solitaire,
Savourer à longs traits, seul et dans le mystère,
Des jours toujours égaux, plus tristes qu'un trépas?
Rêver cela, mon cœur, est le propre d'un lâche!
L'homme vaillant n'a pas ces fièvres de repos :
Dédaigneux des plaisirs égoïstes, il tâche
De bien remplir sa vie en y faisant sa tâche,
Marchant, toujours debout, sous les plus fiers drapeaux!
Assez d'autres, parmi les hommes de notre âge,
Ne vivant que pour soi tous leurs jours d'ici-bas,
Oublieux d'un pays battu d'un long orage
Et sans amour pour Dieu que la sottise outrage,
Ni Français ni chrétiens, désertent les combats!
Nous autres, en avant! En avant pour la France,

En avant pour l'Église en butte aux noirs démons ;
Prodigues de sueurs et jaloux de souffrance,
Semons dans le travail la fleur de l'espérance
Et sauvons du néant tout ce que nous aimons!
Honte à celui qui dort lorsque le peuple souffre,
En ce siècle maudit, exilé du bonheur;
Honte à celui qui dort, quand, sur le bord du gouffre
Notre monde épuisé penche, et déjà s'engouffre
Dans l'abîme infini d'éternel déshonneur!
A l'œuvre! nous pouvons tout relever encore,
Car la France et l'Église ont un même destin!
Dieu qui détruit parfois, parfois aussi restaure,
Et c'est lui qui, là-haut, au lever de l'aurore,
Chasse la sombre nuit devant le blanc matin!...

Naturellement nous n'avons rien vu ici à notre arrivée que des ombres de maisons dans une ombre de ville. Aussi avons-nous été délicieusement impressionnés en parcourant, ce matin dès l'aube les rues accidentées de cette vieille cité, où nous nous étions réveillés sans en rien connaître. Ville bâtie sans plan, où l'on ne sait jamais où l'on est, où l'on va, ce qui vous attend. Mais aussi, quelles ravissantes surprises! Entre deux maisons, on aperçoit tout à coup un coin du lac bleu, quelque tête décharnée de montagne, quelque vert mamelon couvert de ses pins comme d'une toison. On monte, on descend, on arrive au Palais fédéral, belle construction toute neuve dont la pierre verdâtre se détache au soleil matinal sous une élégante couverture d'ardoises violettes. On descend, on monte, on traverse les marchés, où grouille un peuple de paysans chargés de fruits et de fleurs. Puis nous voilà dans les rues étroites et tortueuses, puis à l'esplanade, sur laquelle la haute cathédrale est bâtie près de l'ancien château-fort, masse sourcilleuse et formidable, où il semble que des puissances surhumaines aient jadis habité! Oh! la belle église! Viollet-Leduc, le célèbre architecte, la considérait comme un bijou de style roman et gothique. Je le crois sans peine. Ces piliers, ces colonnes aux formes variées, ces voûtes élancées, ces soixante-dix fenêtres par où pénètrent tous les rayons du jour, tout cela présente un ensemble d'une grâce et d'un grandiose intraduisibles.

En face de la chaire, de belles stalles du seizième siècle représentent, en d'admirables sculptures, la Vierge, l'évêque Montfaucon, sainte Catherine, les douze apôtres portant chacun un article du *Credo*, et les dix principaux guerriers de la Légion Thébaine, dont saint Maurice était le chef. Le chêne noirci par le temps semble vivre de cette vie particulière, un peu naïve, que les ciseaux magiques d'autrefois savaient donner au bois lui-même. C'est un art aujourd'hui presque perdu, mais combien je le regrette! Il me semble, en effet, que le bois est moins froid que le marbre. Il n'est pas susceptible d'une aussi idéale perfection, je le sais; mais il y a parfois dans sa grossièreté même un charme de plus. On devine ce que l'artiste a voulu dire, plutôt qu'on ne le voit. On sourit; on n'est plus un critique prêt à appliquer les règles sévères de l'art; on n'est qu'un confident à qui un brave homme un peu maladroit dit quelque chose, et l'on sympathise tout de suite avec lui. Cependant, il arrive, et c'est ici le cas, que l'artiste a fait parler son sujet avec une véritable maëstria. Ses figures ont de l'expression, ses détails sont d'une finesse exquise, bref il ravit à la fois l'âme et les yeux : il a atteint jusqu'aux hauteurs de l'art.

Beaucoup de tombeaux dans le chœur. Un pape, Félix V; deux évêques, Jean de Cossonay et Guillaume de Menthonnex, reposent là près des tables noires de la cène protestante. D'autres évêques, comme Aymon de Montfaucon et Roger de Toscane, reposent dans le pourtour du sanctuaire.

Nous remarquons encore un vestige du Catholicisme dans le sanctuaire : ce sont deux excavations creusées dans la pierre d'une dalle par les genoux des pèlerins, qui venaient jadis prier ici, devant une image de la Vierge en or massif.

Qu'on souffre de penser que cette magnifique cathédrale de Lausanne, comme celle de Berne, bâtie pour Dieu, n'est plus habitée par Dieu; que

Fig. 9. — Costumes des cantons d'Unterwalden, de Saint-Gall, de Berne, du Valais et de Zurich.

l'erreur y a renversé les autels et brisé le tabernacle! Comme les voix de Sion qui pleuraient, dit le prophète, parce qu'elles ne voyaient plus les solennités du culte sacré, les murailles de cette église, ses sveltes colonnes, ses stalles admirables rejetées en un coin, son sanctuaire vide où deux tables de marbre noir sans ornements sont dressées pour un repas qui n'a pas de convives, toutes ces choses, à Lausanne comme à Berne, semblent gémir d'un abandon pour lequel elles n'ont pas été faites. On s'en va, après avoir parcouru ces nefs désertes, les yeux ravis et l'âme profondément blessée et triste.

Après avoir jeté un coup d'œil sur la vue dont on jouit de l'esplanade de l'église, nous passons sous les gigantesques murailles du château, ancienne résidence des évêques de Lausanne, et nous prenons le chemin du *Signal*, d'où, paraît-il, nous jouirons d'une vue incomparablement plus belle. Le chemin est charmant, bordé de haies fleuries, dans lesquelles se cachent à moitié de gracieux chalets. Seulement la pente est rapide. Pour décharger notre cheval, nous montons à pied, ce qui est un charme de plus. Nous passons sous une forêt de sapins élancés qui bruissent doucement, et font, sous le soleil ardent déjà, une ombre épaisse encore rafraîchie par la brise. Enfin, nous touchons au fameux *Signal*. C'est une terrasse sur un contrefort de montagne qui domine la ville et le lac, et d'où les Alpes apparaissent dans toute leur sauvage grandeur. Le soleil fait briller le lac comme un miroir ; une légère brume, diaphane comme une gaze, voile tendrement les sommets neigeux. Un air tiède, pur comme l'azur d'où il descend, fait frémir à peine les feuilles des arbres. Un calme immense enveloppe tout, et plane sur cette grande nature que les bruits de la ville ne peuvent plus troubler. Seul le bourdonnement de la grosse cloche du château, appelant les magistrats au conseil, arrive jusqu'à nous, lointain murmure dont les airs frissonnent à peine. J'aurais voulu rester là long-

Fig. 10. — Aux bords du Léman.

temps avec mes amis, à causer ou même à ne rien dire. Devant ces grands spectacles, l'âme, en effet, s'entretient avec les choses, et sent moins le besoin de la parole.

Par malheur, nous sommes ici dans un endroit connu, marqué sur les guides, fréquenté de tous les touristes. Bientôt nous entendons des voix et des pas : c'est une caravane qui arrive. Adieu, paix et solitude. Nous descendons par la forêt, sous les sapins gigantesques dont la fière attitude nous rappelle un des plus jolis sonnets de Gaston de Chaumont :

LES SAPINS.

Le sombre bataillon des sapins entassés
Escalade là-haut la roche grise et nue ;
Le pied dans les lichens et le front dans la nue,
Ils menacent le ciel de leurs troncs élancés.

*

Immobiles, muets, d'une seule venue,
Et tour à tour brûlés du soleil ou glacés,
J'aime à les contempler, soldats jamais lassés,
Se passer le mot d'ordre en leur ombre chenue.

Ah! ces fils de nos monts, sobres et vigoureux,
Ce sont de durs soldats, comme un chef est heureux
D'en conduire à l'assaut lorsque parle la poudre!

*

Ils nous retracent bien ces hommes de devoir
Sur qui l'or ou la peur n'auront aucun pouvoir,
Qu'ils soient bercés du vent ou frappés de la foudre!

*

De retour à l'hôtel, on nous fit déjeuner en plein air, devant le lac, sous les platanes frémissants. Devant nous s'étendaient, derrière l'eau, la rive charmante aussi, où s'étalent Evian et Thonon. Les branches des arbres nous voilaient les sommets. Mais, même ainsi borné, ce paysage était encore délicieux.

Et pendant que nous déjeunions, des passereaux venaient, petits mendiants sans vergogne, becqueter près de nous les miettes tombées de notre table. Minces détails qu'on peut remarquer partout, mais qui ne nous frappent jamais tant qu'en voyage ; sans doute parce que l'exil, même volontaire, ennoblit et grandit toutes choses.

Quelques minutes plus tard nous partions pour Genève.

V

GENÈVE

Sur le quai d'Ouchy. — En bateau. — Le mont Blanc. — La ville de Calvin. — Aspect général. — La cathédrale. — Agrippa d'Aubigné. — Les églises catholiques. — La statue de Jean-Jacques.

26 août.

Nous arrivons à Ouchy un peu avant l'heure du départ. Quelques bateaux se dandinent sur l'eau calme du lac. Les quais sont encombrés d'une foule très mêlée de voyageurs et d'indigènes. Je ne tarde pas à remarquer que notre costume de prêtres français produit sur tout ce monde un certain effet d'étonnement. Des jeunes garçons rient aux éclats; des gabelous, ayant la grâce bien connue de nos pompiers de France, se font des confidences évidemment malignes, car ils sourient du coin de la bouche en passant la main sur leur moustache. Il y a là aussi toute une tribu d'Anglais, mais ces Anglais ne rient pas, car, comme chacun sait, les Anglais ne peuvent pas rire. Le rire leur manque, comme l'esprit à nos bons voisins les Allemands et comme le bon sens à nos hommes politiques. D'ailleurs les Anglais ont tout vu, et rien ne les surprend ni ne les choque. Quant aux drôles qui riaient, sachant que les gens d'esprit se moquent des moqueries du vulgaire, nous avons essayé de ressembler aux gens d'esprit, et nous les avons laissés rire. Mais bientôt le bateau apparaît; il accourt sur l'eau qu'il semble effleurer à peine; il est là. Nous sautons sur le pont; il reprend sa course, et nous nous donnons tout entiers au plaisir de la plus charmante navigation qui se puisse imaginer. Le lac, en effet, de Lausanne à Genève, n'est qu'un enchantement continuel. Les deux sublimités de la nature s'y rencontrent et s'y embrassent; les mon-

Fig. 11. — Vue de Genève.

tagnes se mirent dans une petite mer. A droite, les pentes douces du Jorat, parsemées de villages et de châteaux; et, dominant ce riant paysage, les crêtes arrondies du Jura suisse. A gauche les Alpes dans toute leur sévère grandeur. Là-haut, bien haut et bien loin, un nuage apparaît dans le ciel; on dirait d'une grosse nuée d'orage que le soleil de midi chauffe à blanc. Un instant, il disparaît derrière les croupes qui bordent le lac; mais tout à coup, il reparaît à travers l'échancrure de deux montagnes, et cette fois, nous poussons un cri; le nuage perdu dans l'azur inaccessible n'est pas un nuage : c'est le mont Blanc. Nous le contemplons longuement, ce fils géant de la terre. Longuement nous admirons ce chaos titanesque, ces têtes chenues, ces flancs décharnés où la neige dégringole en coulées éclatantes, tout ce monde à part des hautes cimes doucement baignées dans la lumière vaporeuse. Que je voudrais aller entendre là-haut « le bourdonnement du vent dans les pins, le bruit des torrents qui tombent dans les glaciers, par intervalle la chute de l'avalanche, et quelquefois le sifflement de la marmotte effrayée qui a vu l'épervier dans la nue (1). » Il me semble que j'adorerais mieux l'Éternel sur ces hauteurs solitaires où il semble que la prière ait moins d'espace à franchir pour arriver à son trône !

Telle est la fascination que ces grands sommets exercent sur nous, que c'est à peine si nous regardons la belle eau du lac qui frémit sous nos pieds, eau plus bleue que le ciel, plus limpide que le plus pur cristal. Elle s'étend dans toute la largeur de son bassin, ridée à peine par un léger souffle. Les mouettes s'y bercent doucement, pendant que des barques vont et viennent, ouvrant leurs voiles blanches comme d'immenses ailes de cygnes.

A l'endroit où le lac fait un circuit et se tourne vers Genève, le vent tombe brusquement sur nous. Les dames portent la main à leur chapeau, ou

(1) Chateaubriand, *Voyage au mont Blanc.*

s'abritent sous un parapluie. On a toutes les peines du monde à se tenir debout sur le pont. Cependant le soleil continue à rire dans le ciel, et le lac, agacé seulement par cette rafale soudaine, se creuse de jolies petites vagues étincelantes qui le font ressembler à une douce mer bien calme.

C'est au milieu de cet enchantement que nous sommes arrivés dans la ville de Calvin et des horlogers, dans cette Genève trop célèbre, dont, pour ma part, j'ai peu de chose à vous dire.

Vous me croirez si vous voulez, mais en vérité ma première impression a été détestable, et elle n'a guère changé. Genève est une ville presque uniquement industrielle, ville aux cent mille cheminées, toits plats et assortiment de tuyaux à l'infini, ville de ceux qui se sauvent et qui se cachent. Des rues comme dans toutes les villes de nos provinces; aucun monument artistique. Le Rhône est là, il est vrai; mais le Rhône impétueux lui-même, dans ce cadre vulgaire perd la moitié de sa

beauté. D'ailleurs, ils l'occupent à faire tourner des turbines. Cela dit tout.

La cathédrale est belle, élancée, éclairée par de beaux vitraux, et enrichie d'une chaire remarquable et de fort belles orgues. Tout à fait à l'entrée, deux tombes de huguenots français, celle du duc de Rohan, et celle du célèbre et féroce Agrippa d'Aubigné. Je ne m'attendais pas à trouver là le mausolée de ce vieux « bouc du désert », comme l'appelaient ses partisans eux-mêmes. J'eus un instant, devant la raide statue de marbre qui semble dormir dans l'ombre de la chapelle, la vision de nos guerres religieuses du seizième siècle, guerres épouvantables que ce sectaire, après y avoir pris part avec son épée, a su peindre avec sa plume de si tragiques couleurs. Je me rappelais sa prose heurtée, je me rappelais sa poésie violente et sombre où éclatent parfois de si fulgurants éclairs. Mais je l'avouerai, je n'ai pu trouver de sympathie dans mon cœur pour cet homme plus qu'étrange, pour ce tortionnaire lettré qui faisait des vers « à cheval ou dans les tranchées, » et qui, à Dax, faisait massacrer de sang-froid vingt-deux catholiques qui s'étaient rendus à lui sans combat. C'était un fanatique et un homme de sang, il était digne de vivre à Genève et d'y mourir!

Cette cathédrale magnifique appartient aujourd'hui aux calvinistes, comme celles de Berne et de Lausanne, car, encore une fois, nous sommes dans la ville de Calvin, ville rogue et roide, formaliste et débauchée, telle qu'elle est sortie des mains de ce « rhéteur couvert de crimes ». A cette heure, la Rome protestante, comme l'appelle Veuillot, pour n'être plus aussi vindicative et scélérate qu'elle le fut jadis, n'en est ni plus glorieuse ni plus aimable. Elle ne persécute plus les catholiques, mais elle les taquine toujours; toujours aussi haineuse, sinon aussi fanatique.

Nous visitons aussi les églises catholiques, le *Sacré-Cœur, Saint-Joseph.*

Hélas, ce sont les monuments d'une foi vaincue, bâtiments sans style, élevés à la hâte pour abriter un petit nombre de fidèles. Disons cependant qu'on les voit avec plaisir. Surgissant au milieu de la vieille capitale du Protestantisme, jadis si intolérante, elles annoncent l'aurore d'une ère nouvelle, et le réveil des saintes croyances qu'on s'était vanté de ne plus voir reparaître.

Enfin, avant de quitter la ville, nous sommes allés respirer quelques instants l'air frais du lac, dans la petite île de Jean-Jacques Rousseau, au pied de la statue un peu ridicule du grand homme, drapé dans sa toge romaine.

Pour finir, nous ne sommes pas restés longtemps sur cet îlot banal envahi par les invalides et les bonnes d'enfants. Las de visiter une ville qui ne donne rien de ce qu'elle promet, nous avons secoué la poussière de nos pieds, et nous avons poussé plus loin.

Fig. 12. — Costumes des cantons de Berne, d'Appenzell, de Fribourg, de Lucerne et de Schwyz.

VI

PETITS PORTRAITS A LA PLUME

Calvin. — Voltaire. — Rousseau. — Topfer. — Le cardinal Mermillod. — Saint François de Sales. — Joseph de Maistre. — Xavier de Maistre. — Mgr Dupanloup.

Arrivés à la gare, il nous fallut attendre plus d'une heure. Cette ingrate ville de Genève avait si mal répondu à l'idée que nous nous faisions d'elle avant de la voir, que nous avions préféré la planter là tout de suite, au risque de perdre, en un lieu quelconque, un peu de ce temps si précieux en voyage. Je m'installai en un coin, à l'ombre, et pendant que mes amis lisaient je ne sais lequel de ces journaux français qu'on rencontre partout, je me mis à écouter dans mon esprit les voix de mille souvenirs soudainement éveillés. Calvin, Voltaire, Rousseau, Topfer, Mgr Mermillod, pour la Suisse que nous allions quitter; Saint François de Sales, les deux de Maistre, Mgr Dupanloup, pour la Savoie où nous allions entrer, tous ces hommes vraiment grands ou simplement célèbres défilèrent devant moi. J'osai les croquer au passage. Voici telles quelles ces trop rapides et trop imparfaites esquisses. Elles sont à vous, puisque je les retrouve dans mon carnet de voyageur.

CALVIN.

Né à Noyon en 1509, mort à Genève 1564.

L'orgueil, l'audace, le fanatisme et la tyrannie incarnés. Tout en lui est raide et sec : son visage anguleux, ses yeux durs, sa voix stridente. Il faut à ce petit homme bilieux des affaires à con-

Fig. 13. — Jean Calvin, né à Noyon en 1509, mort à Genève en 1564.

duire et des hommes à dominer. Il n'a pas seulement la passion du pouvoir; il en a la fureur. Pour le conquérir et le garder, rien ne lui coûte, ni les veilles laborieuses, ni les luttes dans les consistoires, ni l'injure grossière jetée à la face de l'ennemi; rien, pas même le crime. L'or, la volupté, les aises de la vie, il méprise tout cela également. Il ressemble au démon qui, n'ayant pas de corps, n'a pas d'autre ambition que de régner. Le feu de l'orgueil a tout dévoré dans cet homme; mais il a avivé dans son cœur la rage satanique de courber les âmes sous son joug, après les avoir ravis au légitime empire de la vérité. Aucun homme, après Arius et Luther, n'a porté de plus rudes coups à l'Église de Jésus-Christ. La puissance de Luther était dans sa parole irrésistible; la puissance de Calvin fut dans sa plume, déliée, acérée, habile aux finesses de la dialectique. Sans doute, son style n'a pas plus d'âme qu'il n'en avait lui-même; mais à une époque où les vains débats de l'école étaient suivis avec tant de passion, il trouva dans sa sécheresse même un moyen de frapper les esprits habitués aux raisonnements, et de les gagner à sa cause. Devenu pontife de la Genève protestante, l'ambitieux sectaire ne tarde pas à s'y faire dictateur. Maître implacable, il tue la liberté, et d'un peuple d'apostats fait un peuple d'esclaves. On sait le reste ; la prison, le carcan, le fouet, le fer et la flamme, les tortures et la mort régnant en souverains. Servet expirant dans le feu, une couronne de paille et de feuillage enduite de souffre sur la tête ; le glaive n'ayant plus de repos, et tous les réformés rampant aux pieds d'un monstre ; enfin pendant plus d'un siècle encore, la cité dont il fut le roi se débattant dans des convulsions sans fruit comme sans grandeur sous le regard de son spectre sanglant.

Tel a été cet homme plus digne de mépris que de renom, vrai fléau échappé de l'enfer. Genève fanatisée peut lui faire des apothéoses ; l'humanité ne saurait reconnaître un génie dans ce réformateur du Christianisme qui n'eut rien de chrétien lui-même, et qui, s'il n'eut qu'un seul vice, n'en fut pas moins un scélérat.

VOLTAIRE.

1694-1778.

On a dit de Voltaire, qui habita tout près d'ici, qu'il était un *singe de génie*. Un *singe*, c'est fort juste, non seulement parce qu'il a fait toutes les gambades et toutes les grimaces possibles, mais encore parce qu'il a, comme les singes, tout imité, même l'inimitable. Il a écrit des dialogues comme Platon et Lucien, des contes comme Lafontaine, des comédies comme Molière, des tragédies comme Corneille et Racine, de l'histoire comme Tite-Live, Tacite et Bossuet, voire même des romans, de la science et de la théologie. Il a touché à tout de sa patte fine; mais il a tout flétri de son rire spirituel et stupide. Littérateur aux doigts crochus, il chercha avec une égale passion, la gloire et la fortune. Ce Socrate mena la vie de Diogène. Vrai comédien des lettres, digne père de beaucoup d'écrivains de notre temps, qui ont tout hérité de lui, l'esprit excepté. Pour de l'esprit, il en avait, et d'une extraordinaire souplesse; mais il avait les reins plus souples encore. Orgueilleux et méprisant en face du pauvre peuple, cet immortel chien-couchant était à plat-ventre devant les rois, tellement avide de leur plaire qu'il en a fini par déplaire à l'impartiale postérité. Une rare intelligence, un rare mépris des hommes, une fécondité sans pareille, une prestesse qui tient du prestige, voilà tout. Mais du génie, pas d'autre que le génie du singe. Il n'a été le premier en rien. Sa plus grande gloire aux yeux de ceux qui lui ont fait des apothéoses, est d'avoir poussé l'immoralité jusqu'au cynisme, et surtout d'avoir haï Jésus-Christ et son Église d'une implacable haine. Voltaire croyant aurait à peine laissé un nom (1).

(1) La sagesse, en contraignant son humeur, lui aurait enlevé la moitié de son esprit. Sa verve avait besoin de licence pour circuler en liberté. (JOUBERT.)

JEAN-JACQUES ROUSSEAU.

1712-1778.

Quoi que j'en aie écrit tout à l'heure, je reviens à Jean-Jacques.

Jean-Jacques, lui, n'a pas seulement habité les environs de Genève, il y est né; et la ville, reconnaissante d'un tel honneur, lui a élevé, je crois l'avoir dit déjà, une statue aussi bizarre qu'il le fut lui-même. Rousseau, en effet, fut un fou de génie, si ces deux mots ne hurlent pas trop en se trouvant assemblés. Fils d'un horloger, il ne peut être mieux comparé qu'à ces montres aux ressorts puissants, qui, détraquées par quelque accident irrémédiable, tantôt avancent, tantôt retardent, battent la breloque tant et si bien, qu'on ne saurait s'y fier. Orgueilleux et vicieux (cela va toujours de pair), malgré tant d'écrits où de réelles beautés étincellent, il est resté l'un des hommes les plus méprisables de ce dix-huitième siècle où le mépris, du reste, a de quoi choisir. Précurseur de la Révolution comme Voltaire, mais pas de la même manière : l'un a soufflé la haine dans l'âme du peuple ; l'autre y a jeté les idées chimériques. En dépit de ses prétentions, beaucoup plus poète que philosophe. Une imagination souvent charmante ; une vraie et exquise sensibilité quelquefois ; de la raison à ses heures ; de l'intuition en maintes pages d'un réel mérite ; le courage d'affirmer sa croyance en Dieu en face d'un peuple d'athées pédantesques ! En résumé, un grand esprit infirme, plus brillant que profond. Il est au-dessus de Voltaire ; mais il reste au-dessous d'un honnête homme.

TOPFER.

1799-1846.

J'ai vu aussi à Genève la statue de Topfer. Je m'y attendais et ne trouve à cela, du reste, rien que de très juste. Topfer n'est pas une de ces gloires tumultueuses et à grands panaches dont les partis abusent. C'est un homme modeste et un aimable conteur, un conteur spirituel et doucement attendri qui sait mêler à la trame de ses récits alertes, de ci de là, quelques bonnes idées d'indulgente philosophie. Quelquefois le sectaire, qui est au fond de tout protestant, montre le bout de l'oreille. S'il rencontre en son chemin quelque humble prêtre catholique, comme en son *Voyage en zig-zag*, par exemple, il ne résistera pas au plaisir de lui décocher une malice. Mais le trait qu'il lance ne saurait faire de profondes blessures, car, on sent qu'on a affaire à un honnête homme, droit de cœur et d'esprit, qui, dans ces rares instants, cède à son insu à l'inévitable influence du milieu. Topfer est un petit bourgeois plein de bonhomie et de finesse, qui, de son petit coin observe l'humanité, la raillerie sur les lèvres, et regarde la belle et paisible nature qui l'environne d'un œil attendri.

Mais en voilà assez sur un écrivain qui disait

des « portraits » qu'ils étaient « tous faux comme des épitaphes ». Laissons-le paisiblement dormir, comme il l'a voulu, dans sa petite gloire tranquille !

LE CARDINAL MERMILLOD.

1824-1892 (1).

Nous avons vu tantôt, du lac de Genève, la petite maison de campagne où le cardinal Mermillod s'éteint doucement, glorieux soleil qui se couche dans les splendeurs de la pourpre romaine. Nous l'avons salué de loin avec émotion, car, en vérité, ce vieil évêque qui se meurt fut un des rares grands hommes de ce temps, et a bien mérité de l'Église et de son pays. Au prix de l'exil et de mille épreuves plus cruelles encore, il a conquis la

(1) L'illustre cardinal a succombé depuis que ces pages ont été écrites.

liberté religieuse sur le fanatisme du Conseil fédéral. Il a montré aux protestants ce que c'est qu'un évêque catholique, comment il sait combattre sans faiblesse, mais sans haine, souffrir toutes les persécutions sans amertumes ni révoltes, et finalement triompher sans orgueil, heureux de sa victoire seulement pour le bien qu'elle apporte aux hommes et la gloire qui en revient à Dieu. Maintenant, il succombe, usé avant l'âge, mais du moins l'auguste et pacifique lutteur a-t-il la consolation de voir de son lit d'agonie se lever sur la Suisse l'aube radieuse de la tolérance et de l'apaisement. Voilà ce que peuvent le talent, la persévérance et la vertu réunis. Mgr Mermillod laissera une trace profonde dans l'histoire de l'Église en ce siècle, et la Suisse entière ne saurait oublier son nom sans ingratitude.

La France, non plus, ne l'oubliera pas. C'est en France qu'il passa le temps de son exil. Il s'y fit apôtre, et se plaça du premier coup au rang des plus illustres orateurs de la chaire. Sa parole imagée, douce et ardente à la fois, possédait toutes les nobles séductions. C'était la source inépuisable dont les ondes pures réfléchissent le ciel. — On buvait ce qu'il disait, suivant une expression familière aux bonnes gens.

Puisse-t-il vaincre la maladie, lui qui a déjà vaincu le mal tant de fois et sous tant de formes. La vie de tels hommes est un bienfait de Dieu. Mais s'il meurt, gloire à sa tombe, car on pourra dire de lui comme du maître : *il a passé en faisant le bien.*

Le pays de Savoie, où nous allons, nous rappelle aussi des noms illustres.

D'abord celui de

SAINT FRANÇOIS DE SALES.

Évêque de Genève, né au château de Sales près Genève en 1567, mort en 1622.

Un homme aimable, un écrivain charmant, un

Fig. 14. — Saint François de Sales.

saint si séduisant, que tout le monde voudrait lui ressembler.

Je vois d'ici, en fermant les yeux, le portrait si connu, qui nous le représente en son costume d'évêque, le front large et élevé, des yeux bleus si purs et si doux! des lèvres fines où respire à la fois la malice et la bonté; tout cela encadré dans une belle barbe blondissante qui semble dilater encore son beau visage épanoui et lui faire comme un commencement d'auréole. Noble figure, d'une douceur grave et d'une gravité douce. Vrai visage de saint, où la prédestination se lit comme en un livre ouvert.

Et quel délicieux écrivain il fait! Il semble que les abeilles de saint Ambroise soient revenues se poser sur sa bouche d'enfant : sa langue est de miel. Son esprit pénétrant voit l'austère vérité; mais, pour la rendre aimable aux plus faibles cœurs, il la pare de toutes les fleurs qu'il rencontre en son chemin. Rien d'apprêté : un bouquet d'une senteur exquise cueilli dans les champs; un gracieux paysage de Savoie où l'on voit voltiger des aigles et des colombes. Il aime la nature comme personne avant lui, et il s'en sert à merveille pour faire comprendre et aimer la grâce. Ses négligences elles-mêmes ajoutent un charme de plus à son style. On le lit en souriant, comme on écoute un vieil ami bien sage, qui, tout en voulant vous instruire et vous rendre meilleur, se fait humble et condescend à vous plaire.

Mais tout cela n'est rien comparé à la sainte beauté de son âme. Pur comme un ange, mortifié comme un anachorète, paisible sous l'outrage comme un martyr, toujours prêt à se sacrifier, dévoré de zèle, vrai apôtre, il semble que le divin Maître se soit de nouveau fait homme en lui. Où Calvin avait semé les ruines, il fit germer le salut, comme si Dieu avait voulu, en les plaçant en divers temps sur le même sol, montrer aux peuples quelle différence existe entre ceux qu'il inspire et ceux qu'il réprouve.

JOSEPH DE MAISTRE

1753-1821.

Celui-là est l'un des plus glorieux fils de cette Savoie où nous allons. Un croyant, un voyant. Sa caractéristique est la force dans l'unité et la franchise. Il n'est pas toujours facile à lire, et parce qu'il étonne, et parce qu'il fait trop penser, et parce qu'il a une certaine monotonie dans la grandeur. Les idées de ce *Bossuet sauvage*, comme on l'a appelé, rappellent les plus fières montagnes de son pays, massives et toutes d'un bloc. Son style, sauf dans ses lettres qui sont charmantes, a la puissante ossature et les vives arêtes des roches grises couvertes de sapins. Il a « du trait, du mordant, des vues hardies, neuves et profondes, l'accent d'une voix vibrante qui porte au loin, des airs de prophète qui lance la foudre (1) ».

(1) Merlet.

En résumé, un grand catholique, un grand penseur, un grand écrivain qui, chose rare, sut en même temps être un homme.

XAVIER DE MAISTRE.

1764-1852.

Ce charmant et délicat conteur semble n'être pas du même sang que son illustre frère. L'autre est un logicien et un penseur; lui, est un penseur aussi, mais sans s'en douter et sans qu'on s'en doute. L'autre est la force; lui est la grâce. D'une sensibilité exquise, il touche infailliblement au cœur, alors même qu'il n'y vise pas. Peu d'écrivains, je crois, ont fait couler autant de larmes. Seulement, en même temps qu'il touche, il chatouille doucement l'esprit par sa bonhomie si sincère et si fine. Vous pleuriez tout à l'heure; maintenant vous souriez, l'âme et le visage épanouis par quelque saillie de l'enchanteur. Tout en lui, est calme, doux et profond, comme le beau lac d'Annecy, par un beau jour de gai soleil. Quand il est léger, de belles leçons de morale se cachent encore sous sa légèreté. Bref, de la finesse à revendre, beaucoup d'élévation, beaucoup d'humour, un esprit vraiment français, une sensibilité presque féminine, une admirable sincérité de style et d'âme, voilà Xavier de Maistre. C'en est assez, avec son petit bagage littéraire, pour séduire la postérité et laisser un nom immortel.

MONSEIGNEUR DUPANLOUP.

1802-1878.

Théodore de Banville, qui a fait, des hommes célèbres de ce temps, des portraits aussi travaillés et aussi infidèles que possible, nous a néanmoins laissé de Mgr Dupanloup une photographie d'assez bonne venue. « Cette face large, dit-il, aux traits césariens, aux pommettes saillantes, au nez d'aigle, presque sans narines, détaché par deux rides magistralement tracées, à la bouche sculpturale, aux yeux longs, enfoncés, ombragés d'un sourcil droit, épais et violent, un menton d'athlète, qu'une hardie fossette rend spirituel, est celle d'un combattant, d'un guerrier, d'un pasteur du glaive, et toutefois, par une séduisante transformation, l'esprit chrétien y a jeté ses douceurs infinies. Les cheveux naturellement s'arrangent comme le veut la statuaire. Ce soldat de Jésus dont la vie est un combat, est près de s'irriter des luttes sans trève qui l'attendent, mais il se remet à sourire, lorsqu'en baissant les yeux, il voit briller sur sa poitrine le seul de tous les symboles qui soit une consolation : la croix! » C'est bien là, au point de vue physique, l'image qui m'est restée du grand évêque, depuis ces jours de mon enfance où je le voyais aller et venir, le soir, sous les grands marronniers de La Chapelle. Mais un tel homme mérite mieux que ce portrait plastique, qui ne reflète même

Fig. 15. — Mgr Dupanloup, évêque d'Orléans ; né à Saint-Félix (Savoie), le 3 janvier 1802, mort à La Combe de Lancey (Isère), le 11 octobre 1878.

pas tous les traits de son âme. Que de talents divers et éminents! Orateur, théologien, polémiste, éducateur, il a toutes les auréoles. Orateur, il est moins éloquent que Lacordaire; théologien, il n'a peut-être ni la profondeur ni la sûreté de Mgr Pie; écrivain distingué, il n'a pas l'élégance de Mgr Gerbet; mais on peut dire hardiment qu'il est le plus grand évêque et le plus vaillant champion de l'Église en notre siècle. Au fur et à mesure que les passions s'apaisent et que les vieilles querelles s'éteignent, sa gloire grandit et se purifie, comme les belles cîmes de ce pays dont il était si fier d'être l'enfant, quand, après un orage, le vent des hauteurs chasse devant lui les nuages déchirés, et découvre, en la dégageant, la sublimité gracieuse des lointaines montagnes... Encore une fois, il était richement doué, celui qu'Orléans, la France et le monde appelaient le grand évêque. Mais on peut dire que son génie fut surtout dans son cœur. C'est parce qu'il aimait l'enfance et la jeunesse, qu'il fut un éducateur incomparable. C'est parce qu'il aimait la France qu'il se mêla avec tant d'ardeur victorieuse aux luttes des parlements; c'est parce qu'il aimait l'Église que toute sa vie fut un combat à outrance. Tout dans cet homme se réduit à l'amour; là est le foyer de toutes ses ardeurs et de toutes ses flammes, et la source même de son génie, je le répète.

Que de fois j'ai entendu dire, depuis sa mort : — « Que n'est-il encore de ce monde ? Comme il eût bondi ! comme il eût crié ! comme il eût vengé la vérité et la justice outragée! » — Et c'est vrai que, s'il eût vu toutes les vilenies qui déshonorent les dernières années de ce siècle, la grande abjection des hommes et des lois, — trop courageux pour reculer devant l'audace du mal, il ne se serait pas contenté d'être le témoin attristé de tant de désordres, il en eût été l'accusateur public et l'irrésistible vengeur. Peut-être n'eût-il rien changé aux choses, mais du moins l'honnêteté bafouée eût respiré un peu aux accents de son indignation éloquente.

Dieu a jugé que la mesure de sa gloire et de ses épreuves était suffisante : il l'a rappelé à lui. Sa volonté soit faite!

*
* *

Suisse et Savoie, me disais-je en finissant ces esquisses, étranges petits coins de terre, féconds en hommes de talent, en hommes d'amour ou de haine, de perdition ou de salut, ennemis ou défenseurs du Christ et de son Église! La nature y est calme, mais les âmes, enflammées au souffle des antiques passions doctrinales, y sont ardentes et puissantes. Tant il est vrai que pour provoquer la pensée, éveiller le génie et pousser le cœur à l'action, la religion est encore ici-bas le plus actif des stimulants.

VII

ANNECY. — LOVAGNY. — AIX-LES-BAINS.

En Savoie. — Réveil à Annecy. — Chasseurs alpins et soldats de la ligne. — A l'église de la Visitation. — Les traces de saint François de Sales. — Notre-Dame de Liesse. — La cathédrale. — Rencontre du frère Vital. — La chambre de l'ange gardien. — L'église Saint-François. — L'église Saint-Maurice. — Sur la rive du lac. — Eugène Sue. — A la galerie. — Le R. P. Tissot. — L'aventure du vieux percepteur. Les gorges du Fiers. — Dans la vallée. — Saint-Félix et Mgr Dupanloup. — Le lac du Bourget. — Petite tempête. — Hautes Combes. — Le retour.

27 août.

Le soleil commençait déjà à s'incliner sur l'horizon, lorsque nous nous retrouvâmes sur la terre de France. Nous entrions dans les belles montagnes de la Savoie. C'est encore le paysage gracieux et austère tour à tour, que nous avons admiré dans la suisse romande. Mais les vallées se sont élargies, les moissons ont remplacé les pâturages et l'on sent la présence d'un peuple plus favorisé de la nature. Au fur et à mesure que nous avançons, le soleil baisse ; bientôt même il disparaît tout à fait derrière le rideau impénétrable des hauteurs. Mais sa grande face, visible encore aux sommets sublimes, les éclaire de lueurs de pourpre et d'or d'abord plus ardentes, puis plus délicates. Tout au bout de l'horizon, la chaîne du mont Blanc apparaît toujours ; ses neiges éternelles ont pris une teinte doucement rose, charmante à l'œil sous l'azur plus pâle. C'est, en ce pays, un moment délicieux que ce moment où le jour meurt. Tout est calme, et silence et recueillement. Il n'y a pas jusqu'aux chaumières qu'on aperçoit fumer dans le creux des vallées qui, en rappelant la présence de la vie, n'ajoutent encore un charme intime qui vous pénètre. Enfin, les ombres descendent, les vapeurs montent, les hauteurs s'enveloppent de leur robe de nuit, et l'étoile du soir s'élance tout à coup au-dessus d'un pic, comme une de ces fusées qui illuminent les fêtes nocturnes.

C'est au milieu des ombres claires d'une nuit sans lune, mais brillante du feu de tous les astres, que nous sommes arrivés hier soir à Annecy.

Après quelques heures de sommeil, nous sommes réveillés en sursaut par les fanfares militaires. Ce sont les chasseurs alpins qui partent pour la montagne; ils marchent du pas un peu lourd, mais sûr des montagnards, chargés de leur équipement, et superbes dans leur pittoresque costume. Peu après, ce sont des soldats de la ligne qui défilent devant nous. Ceux-là semblent à peine toucher la terre, et ils vont ainsi, au rythme martial de leur musique, tout étincelants sous les rayons du soleil qui se lève. Si près de la frontière, dans cette

Fig. 16. — Chasseur alpin.

Savoie que l'Italie regrette toujours, on est heureux de voir les défenseurs de la patrie si vivants, si délurés et si beaux. On se dit que de tels hommes ne peuvent manquer d'être braves, et le cœur vous bat dans la poitrine, soulevé invinciblement par l'espérance.

Cette matinée nous réservait des joies d'un autre genre, mais non moins douces et profondes.

Tous les trois, nous avons voulu dire la sainte messe dans l'église de la Visitation, sur les autels vénérés qui abritent dans leur paix glorieuse les restes de saint François de Sales et de sainte Jeanne de Chantal. Oh! comme nous avons prié! Pour moi, dans ce sanctuaire embaumé de tant de souvenirs chastes, j'ai demandé à Dieu de purifier au feu de son divin amour toutes mes amours de la terre, et d'allumer dans mon cœur les flammes saintes qui ont illuminé et dévoré ces deux âmes incomparables.

Nous avons voulu suivre dans Annecy, pas à

pas, les traces de l'illustre évêque et de la pieuse fondatrice.

Nous visitons d'abord *Notre-Dame-de-Liesse*, église de la renaissance, sans grand cachet. C'est là que Mme de Sales, venue pour vénérer le saint-suaire apporté de Chambéry, consacra au Seigneur l'enfant qu'elle portait dans son sein. Une plaque de marbre, placée à gauche de l'autel, rappelle ce souvenir. En face, à droite, une autre inscription en rappelle un autre non moins touchant : *Saint François de Sales officiant pontificalement dans cette église au moment où il voulut élever la sainte hostie, une colombe blanche descendit sur son épaule à la grande admiration de tout le peuple.* Une note ajoute que ces deux inscriptions existaient avant la Révolution.

De là, nous allons à la cathédrale. L'église, assez grande, n'a cependant rien d'une basilique. Quelques fresques médiocres décorent les murailles. Deux chanoines seulement récitent l'office. A la *Visitation* nous avions rencontré une foule, des messes à tous les autels, des communions nombreuses, les confessionnaux constamment assiégés. Ici, rien que la solitude, et, n'étaient ces deux voix qui alternent, là-bas tout au fond du temple sonore, le silence du plus absolu délaissement. Cependant, là encore, nous trouvons des souvenirs de saint François de Sales. De chaque côté de sa statue, deux tablettes en marbre nous apprennent, la première, que c'est dans cette église qu'il a été ordonné sous-diacre, qu'il a prêché son premier sermon, qu'il a été consacré diacre et prêtre, qu'il a dit sa première messe, et qu'il a confessé pendant trente ans; la seconde, qu'il a été prévôt du chapitre, qu'il y a fait plusieurs ordinations, et enfin qu'il y a reçu les honneurs funèbres.

Au bas de l'autel, un bas-relief représente saint François donnant leur règle aux Visitandines.

Comme nous sortons, notre bonne fortune nous fait rencontrer un bon frère de la maîtrise d'Annecy, le frère Vital qui veut bien s'offrir à nous servir de cicérone dans les quelques courses qui

Fig. 17. — Le mont Blanc.

nous restent à faire. Il est charmant, ce bon frère Vital et très intelligent. On sent qu'il est au courant des questions archéologiques qui intéressent la ville d'Annecy. Nous ne pouvions mieux tomber.

Il nous conduit dans une vaste maison, située en face de la cathédrale, et habitée aujourd'hui par les sœurs de Saint-Joseph. C'est l'ancien évêché de saint François de Sales. La supérieure, qui veut bien se déranger pour nous, nous montre la grande chambre où le saint conversait avec son ange gardien.

De là, le frère Vital nous conduit dans l'antique maison du président Favre, seconde résidence de l'évêque de Genève. Cette maison est dans un lamentable état de délabrement. Cependant, ça et là, on peut voir encore des traces de sa splendeur disparue, entre autres un admirable escalier gothique.

De là nous nous rendons à l'église *Saint- François,* en face du *clos lombard* où se trouvait le premier monastère de sainte Chantal. Là était primitivement le tombeau de François de Sales. Au-dessus de ce tombeau, le chapeau épiscopal du saint, pendait, attaché à la voûte. On venait prier près des restes sacrés, soudain le chapeau commençait à tourner. C'était le signal, nous dit le bon frère, qu'un prodige allait s'accomplir. Là eurent lieu le miracle de l'enfant écrasé et celui de la jeune fille noyée.

Pendant que le frère Vital nous raconte ces touchantes histoires, nous arrivons à l'église Saint-Maurice, où saint François a été confirmé, où il a fait aussi sa première communion.

Comme nous sommes tout près de l'hôtel de ville, nous y entrons et après avoir jeté un coup d'œil aux curieuses antiquités lacustres et romaines qu'il renferme, nous allons nous reposer un peu, au pied de la statue de Berthollet, sur les bords du lac.

Le soleil était radieux, et l'eau, sous sa belle lumière, était si belle, si doucement azurée, par endroits si brillante, d'autre part, les montagnes qui bordent l'autre rive étaient si attirantes que, sans l'énergie bien connue de notre Directeur, nous serions partis en excursion. Ne pouvant aller voir de près les détails de ce paysage célèbre, nous demandons au frère Vital de nous indiquer au moins ce que tout voyageur digne de ce nom doit avoir vu. Il nous montre la haute montagne des Tournettes qui domine le lac et toutes les cimes environnantes; Chavoires où est la maison de Jean-Jacques; Menthon, patrie de l'héroïque fondateur des hospices du grand et du petit Saint-Bernard; Talloires où est né Berthollet; Sévrier et Saint-Jorioz; Duingt, avec son donjon en ruine; la Baladière, où M. de Custine a écrit une partie de ses mémoires sur la Russie. Et puis, presque en face de nous, je ne sais quelle petite île, habitée par Eugène Süe, le premier corrupteur de cette population savoisienne si honnête et si pure. Avant lui, point ou peu de désordre dans ces montagnes. Après lui, les mœurs et la religion atteintes ont chaque jour perdu du terrain. Il a semé le mal, le mal a germé, et la récolte en est belle, récolte de misères et de honte. Tant il est vrai qu'il n'y a personne au monde pour faire le mal comme les écrivains médiocres!

Le frère Vital nous conduit encore jusqu'à la maison de la Galerie. Arrivés au seuil, nous le laissons partir, mais non sans l'avoir chaleureusement remercié. Nous garderons sûrement son souvenir.

Nous entrons, et nous sommes reçus par une petite religieuse qui nous paraît très vieille, mais encore très alerte. Elle a une petite voix très douce, une de ces voix qui sont habituées à la prière et qui gardent, quand elles s'adressent aux hommes, quelque chose de l'accent avec lequel elles parlent à Dieu. Elle nous fait visiter tout le monastère, qui est le second habité par sainte Jeanne et le premier qu'elle ait construit elle-même. Nous visitons le cloître, la petite maison qui servit de premier asile à des saintes, la chambre où la pauvre mère, après tant d'épreuves, eut encore l'immense douleur de voir mourir sa fille; nous nous arrêtons surtout dans le petit oratoire où saint François venait de temps en temps dire la messe à ses *Colombes,* comme il disait en son naïf et délicieux langage. Comme on était trop pauvre pour avoir des tentures, on piquait des fleurs naturelles sur la muraille et l'on choisissait les plus modestes des fleurs des champs. Pour rappeler ce joli souvenir les religieuses ont recouvert les quatre murs de draps fleuris de bluets.

Nous nous éloignons à regret de ce lieu béni, véritablement embaumé par l'air de pureté et de sainteté qu'on y respire encore.

Avant de quitter Annecy, mes deux compagnons veulent rendre visite au R. P. Tissot, supérieur des missionnaires de Saint-François de Sales. Ce n'est pas loin de la Galerie. Nous montons seulement une des plus vieilles et des plus pittoresques rues de l'antique Annecy, et nous arrivons. La maison mère est bâtie au flanc de la rampe. Elle est d'aspect pauvre et nu. Au bout d'un long couloir, nous rencontrons celui que nous cherchons. C'est un homme de taille moyenne, maigre, souple, vif, très bon et très fin, véritable enfant de celui qu'il a choisi comme patron de son institut. Sa parole très simple est néanmoins très élevée. Une certaine originalité de bon goût achève de donner à cette physionomie et à ce caractère je ne sais quel particulier attrait. On me dit qu'il est orateur. Je le crois. Il y a le feu sacré dans cette âme : les yeux, quand ils se lèvent, en gardent le reflet. Une bonne heure durant, nous nous promenons ensemble dans le jardin en face des montagnes. C'est charmant, et pour un peu nous resterions là. Mais le directeur nous tire par la manche en clignant des yeux. C'est le signal du départ : nous prenons congé et nous redescendons dans la ville.....

Fig. 18. — Vue d'Annecy.

AVENTURE DU VIEUX PERCEPTEUR

Mes amis ayant une visite personnelle à rendre à je ne sais quel personnage d'Annecy, je m'en fus seul au bord du lac. C'était quelques heures avant notre départ, et j'étais heureux de contempler une dernière fois cette belle eau bleue encadrée, — comme un saphir dans l'or, — dans le cercle radieux des montagnes illuminées par le plus riant des soleils. Je m'étais assis sur un des petits bancs verts que l'édilité du lieu a gracieusement placés sous le frais ombrage des bosquets. Le spectacle qui se déroulait devant mes yeux était splendide, et j'en jouissais délicieusement, doucement emporté dans le plus vague des rêves, comme cela m'arrive souvent devant tout ce qui est vraiment beau. La nature, quand on la regarde fixement, dégage je ne sais quel fluide mystérieux qui finit pas vous hypnotiser. Je n'avais pas même remarqué, — tant ma contemplation était profonde, — qu'un vieillard était venu s'asseoir auprès de moi.

— N'est-ce pas, Monsieur, que c'est là une belle vue. »

Je me retournai; nous n'étions que tous les deux : cette réflexion ne pouvait s'adresser à d'autre qu'à moi. Je saluai vivement et répondis :

— « Vraiment, très belle! »

Je ne prétends pas qu'il y eut beaucoup d'esprit dans ma réponse : j'en ai rarement, ce dont je n'ai cure, mes amis en ayant pour moi. Ces simples mots me valurent pourtant la sympathie du vieillard, car il continua :

« Je viens presque chaque jour ici, et surtout par ces jours magnifiques de l'été, je ne puis rassasier mes yeux de ce que je vois.

« Puis, ajouta-t-il d'un ton de confidence, il faut vous dire que ce décor splendide a vu se dérouler l'une des scènes les plus tragiques de ma vie..... »

Je parus intéressé.

Il poursuivit :

« J'ai soixante-quinze ans, Monsieur, et je commence à perdre la mémoire, mais il me semble que les années n'effaceront jamais cette aventure de mon souvenir. Il y a un certain nombre de choses qui restent ainsi dans l'âme dévastée des vieux, à jamais intacte, comme ces monuments de marbre ou de granit que vous rencontrerez dans vos voyages au milieu des villes en ruines... »

Ce début piqua vivement ma curiosité. Je regardai de nouveau mon voisin. C'était un petit homme dont la figure fanée, coupée en deux par une longue moustache blanche, annonçait je ne sais quelle âpre et profonde énergie. Ses yeux noirs avaient conservé toute la limpidité et tout le feu de la jeunesse. Il était mis simplement, mais avec goût, et s'exprimait avec une grande facilité et un certain éclat.

Bien que l'histoire s'annonçât comme devant être un peu longue, je ne pus m'empêcher de manifester la légitime curiosité que ces préliminaires avaient fait naître en moi. Si le récit manquait d'intérêt, j'avais toujours la ressource de revenir à la contemplation du lac et des montagnes. Il m'était même possible, à la rigueur, de jouir à la fois et de la nature et de l'histoire qui m'allait être contée.

« Il y a longtemps de cela, reprit le vieillard, — notre Savoie n'était pas encore définitivement française, — j'arrivai ici en qualité de percepteur, avec la mission de prélever pour les États Sardes les impôts et contributions dans la ville d'Annecy et sur tout le littoral de son lac. C'était une assez belle position, quoiqu'il ne me restât à la fin qu'une bien petite partie de l'argent qui me passait par les doigts. Je suis forcé de dire que c'était aussi un rude métier. Il fallait traverser l'eau, courir la montagne soit à pied, soit à dos de mulet, marcher par tous les temps sous le ciel variable du pays, lutter sans cesse contre le paysan savoyard souvent très pauvre et toujours dur à la détente. J'avais beau me montrer aimable et coulant; l'homme qui demande de l'argent le sourire sur les lèvres n'est pas mieux venu qu'un autre. Des haines formidables grondaient sourdement contre moi parmi ces hommes qui ne tirent leur pécule que sou à sou des flancs du rocher stérile. J'avais été plus d'une fois obligé de faire appel à la force armée pour maintenir les droits du gouvernement. Cela ne m'avait pas rendu beaucoup plus populaire! il y en eut même qui parurent exaspérés. Seulement à vingt-cinq ou trente ans, j'étais solide, je n'avais peur de rien ni de personne, et celui-là eût été malin qui m'eût fait baisser les yeux. On savait fort bien, d'ailleurs, que la balle de mon pistolet manquait rarement son but. Quelquefois, je l'avoue, je souffrais d'être ainsi maudit comme un publicain; mais percevoir les impôts était mon devoir, et si vous voulez que je vous fasse encore un aveu, le devoir, moi je n'ai jamais connu que ça...

— Peut-être, hasardai-je, auriez-vous pu résilier votre charge?

— Impossible, mon cher monsieur, c'était mon gagne-pain et je n'aurais pu que très difficilement en trouver un aussi avantageux, si j'eusse perdu celui-là. Une autre raison, c'est que je m'y étais attaché à cette diablesse de charge! L'homme ne chérit-il pas instinctivement tout ce qui lui coûte? j'aimais cette vie de marches et de luttes sans trêve; j'aimais cette liberté qui battait des ailes dans mon cœur, d'autant plus douce à sentir pour moi que j'opprimais un peu les autres. J'ai compris alors qu'il y a une mauvaise volupté dans l'exercice de la tyrannie, sentiment trop humain, je le confesse. Enfin, d'autres attaches plus puissantes encore m'avaient fixé pour jamais dans cette ville et dans cette position; vous l'avez deviné sans doute : je m'étais marié.

« Ma femme, — elle était charmante, Monsieur, dans ce temps-là, — était la fille de l'ancien greffier du tribunal, un excellent homme dont le père avait rempli les mêmes fonctions pendant de longues années..... »

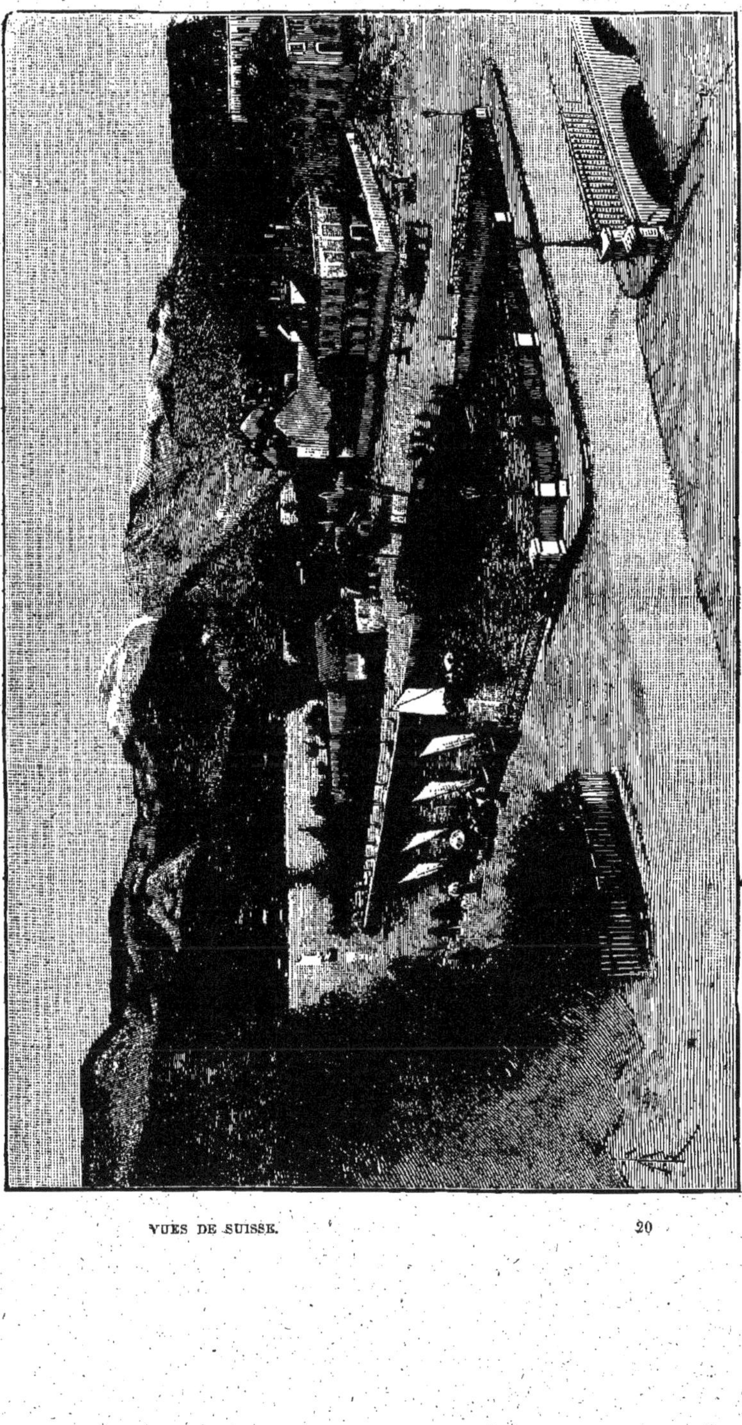

Fig. 19. — Aix-les-Bains.

Je vis venir une de ces interminables généalogies dans lesquelles les vieillards se complaisent, et je commençais à reporter mes yeux un peu distraits sur le lac et les montagnes. Le conteur s'en aperçut sans doute, car se tournant brusquement vers moi :

— « Pardon, me dit-il, j'allais entrer dans des détails pour vous aussi fastidieux qu'inutiles. Nous sommes ainsi faits, nous autres vieux : il y a tant de choses dans nos vieilles cervelles que notre esprit s'y embrouille.

« J'étais donc marié.

« Un jour, dans les premiers temps de notre union, je reçus l'ordre d'aller au village que vous apercevez là-bas en face, à mi-côte, au-dessus de cette petite forêt qui grimpe sur les flancs de la montagne. C'était vers la fin du printemps, à la plus riante époque de l'année. Je proposai à ma jeune épouse de m'accompagner. Elle accepta, et le lendemain, dès l'aube, escortés de notre gros et brave terre-neuve, Médor, nous partîmes après avoir mis la clef sous la porte. Les percepteurs, Monsieur, ne sont pas des poëtes et leurs femmes encore moins des Muses ; vous me permettrez pourtant de vous le dire, jamais nous ne nous sentîmes l'âme plus émue ni plus débordante. C'était féerique. Au dessus de nous, les étoiles pâlissantes s'éteignaient une à une au fur et à mesure que le jour montait. Tout autour de nous, le lac bleu, d'un bleu profond et presque noir où quelque chose de la nuit semblait rester encore. Et plus loin, la base sombre des montagnes qu'aucune lueur n'avait encore éclairée. Tout à coup le soleil jeta sur les sommets son manteau de pourpre, puis, il parut lui-même, vraiment royal, éblouissant tout de sa vigoureuse lumière. Le lac sur lequel nous voguions, après nous avoir fait l'effet d'une mer de sang, nous sembla changé en une mer de flammes. Pas une vague qui ne roulât des milliers d'étincelles. Perdus au milieu de ces rayons et de ces reflets, nous nagions dans les clartés comme dans une apothéose. »

— « Ce devait être bien beau, dis-je, pour montrer que j'étais attentif.

— « Beau à faire peur, Monsieur, car lorsque la nature se révèle à nous avec cette magnificence et ces charmes, il semble qu'elle veuille nous dédommager d'avance des malheurs qui vont fondre sur nous.

« Un peu plus tard, nous gravissions les sentiers de la montagne, ces longs sentiers tournants qui triplent les distances. Nous ne nous aperçûmes pas de la longueur du chemin : ma femme cueillait des violettes et des pervenches; mon chien courait dans les taillis après les lièvres et les oiseaux; et je suivais, prêtant l'oreille au cri des marmottes enfin réveillées et regardant marcher, bondir et folâtrer devant moi ce qui était alors toute ma famille. Nous déjeunâmes à l'ombre des chataigniers en fleurs, humant tout ensemble l'odeur réconfortante des mets étalés sur l'herbe et le parfum sauvage de la grande forêt reverdie.

« Je me débarrassai de mes affaires dans la journée. Sur le soir, nous nous remîmes en marche et nous revînmes par ce même chemin qui nous avait ravis à l'aller. Nous voulions être sur les bords du lac un peu avant la nuit, afin d'assister au coucher du soleil et au lever des étoiles, et de jouir encore une fois, en un si beau jour, des sublimes délices qui nous avaient enivrés le matin.

« Sur la rive, nous trouvâmes la barque du passeur ; mais de passeur, point. Nous nous mîmes à l'appeler ; le chien mêla ses aboiements à nos cris ; l'écho multiplia ses réponses. Personne ne vint. Nous nous assîmes à la lisière du bois, les pieds sur le sable de la grève, bercés au doux clapotement des petits flots qui s'allongeaient et se retiraient rythmiquement, et nous attendîmes. L'homme ne pouvait être loin, et c'était presque un bonheur de plus que ce contre-temps, car, où nous étions, la vue qui s'étendait devant nos yeux était pour nous moins banale : Annecy, mollement étendue sur ses collines, avec sa ceinture d'arbres verts, ses maisons pittoresques et ses hauts clochers, donnait au paysage une vie qu'il n'a pas de ce côté. Autour de nous, les ombres descendaient, lentes, des cîmes voisines. Bientôt la lune parut dans tout son éclat, et laissa flotter dans l'eau frissonnante, sa longue traîne de lumière blanche.

« Tout à coup, mon chien dressa les oreilles, et, tombant en arrêt, les yeux tournés du côté du bois, se mit à grommeler, puis à aboyer frénétiquement. Quelqu'un venait. Nous vîmes, en effet, un homme s'avancer sur la rive.

« Mon chien ne fit qu'un bond ; il se précipita sur l'homme et l'aurait dévoré, si je ne l'avais immédiatement saisi par son collier.

« L'arrivant ne me parut pas plus ému que cela, et, sans même me remercier du fier service que je venais de lui rendre :

— Si vous voulez passer l'eau, dit-il en patois savoyard, je suis à vos ordres.

— Mais vous n'êtes pas le passeur...

— Il est malade.

— Alors, soit. En route.

« Il détacha la barque, jeta les chaînes dans un coin, à l'arrière.

— C'est fait, dit-il; montez.

« Nous sautâmes lestement dans le bateau; Médor vint se coucher entre mes jambes, et nous partîmes.

« Jamais plus belle nuit ne se leva sur le beau lac, en la saison de printemps, pour l'enchantement de ses rives. Le ciel en haut, le ciel en bas; des étoiles partout, dans l'eau comme dans l'azur. La brise pénétrée des parfums de la forêt et de la fraîcheur du lac, soufflait si doucement, nous frôlait si légèrement que nous la sentions à peine.

« Ma femme, quoique un peu lasse, était au comble de la joie. Cette journée, disait-elle, compterait au nombre des plus douces de sa vie.

« Pour moi, j'eusse été pleinement heureux, si j'eusse été tout à fait tranquille. Mais les perpétuelles agitations de Médor que je ne pouvais parvenir à calmer, me donnaient quelque inquiétude.

Il faut vous dire que ce gros terre-neuve bonasse avait une intelligence rare et aussi je ne sais quel discernement instinctif qui, au simple flair, lui permettait de distinguer les amis et de reconnaître les gens plus ou moins mal intentionnés. Peu caressant avec les premiers, il était redoutable aux autres. Il était d'ailleurs d'une force herculéenne et si courageux, qu'il se fût jeté à la tête d'un lion...

« Je vous l'ai dit, l'inquiétude de la noble bête avait fini par me gagner moi-même. Je levai les yeux sur notre batelier improvisé. Il ramait lentement, avec la nonchalance de la force sûre d'elle-même. Qui pouvait-il être? Je connaissais à peu près tous les paysans et pêcheurs de la rive, pour les avoir vus souvent compter devant moi leurs gros sous en rechignant. Celui-là, je l'avais sûrement vu aussi, mais où? Quand?... C'était un grand gaillard aux puissantes épaules, velu comme un bouc, le front bas, l'œil sournois, les traits taillés à la hache, quand il renversait la tête en arrière en tirant sur les rames, à la clarté de la lune, ce qu'on voyait de son visage dans le fouillis de sa barbe noire, était plus pâle que le marbre le plus pâle. Il me sembla aussi que des frissons nerveux, à certains moments, lui secouaient tout le corps, comme s'il eût reçu une décharge électrique. Nous avancions toujours, lentement, il est vrai. La nuit avait tout envahi ; le silence était devenu plus profond ; personne sur le lac. Ma femme sommeillait sur la banquette. Médor grommelait toujours, les oreilles droites et l'œil ardent. Pour moi, je cherchais à rassembler mes souvenirs.

« Tout à coup l'homme lâcha les rames et se dressa.

— Vous me reconnaissez? fit-il brusquement.

— Pas du tout.

— Vous oubliez vite vos meilleurs amis!

— Je vous connais; mais votre nom m'échappe.

— Vous ne vous souvenez pas du malheureux meunier insolvable que vous avez livré à la gendarmerie.

— C'est vous!

— C'est moi. J'ai passé deux ans en prison. J'en suis sorti depuis un mois, mais j'y retournerai peut-être...

— Je ne vous comprends pas.

— Tu ne me comprends pas, canaille! Eh bien! sache que depuis que je suis libre, je n'ai pensé qu'à toi, à toi seul! J'ai appelé chaque jour et de tous mes vœux l'occasion de te revoir face à face. L'occasion est venue; je la tiens et je te tiens. Allons, rends-moi ce que tu m'as pris : donne ta sacoche!...

« Nous étions au milieu du lac, à un endroit où les eaux sont aussi profondes qu'en pleine mer. Une lutte était dangereuse et pouvait nous perdre tous. Je détachai ma sacoche et la jetai au fond de la barque, en me promettant de la reprendre au voleur quand nous aurions touché la rive.

— Prends-la, puisque tu la veux, lui dis-je avec calme.

— C'est bien, reprit-il, je ne te croyais pas si

honnête homme. Mais ne crois pas que cela me suffise ! Je ne veux plus que tu fasses de mal à personne, vilaine bête que tu es. Allons, déguerpis d'ici ; à l'eau !

— Comment! à l'eau!

— A l'eau ! te dis-je ; tu dois mourir...

« L'homme s'avança sur moi, les dents serrées, les poings crispés, la bouche écumante.

« Cette fois, voyant que j'avais à faire à un forcené décidé à tout, je saisis mon pistolet et le visai en pleine poitrine :

— Si tu fais un pas, brigand, tu es mort.

— Je ne te crains pas....

« En même temps, sans que j'aie pu voir son brusque mouvement, il me donnait un coup de tête dans le ventre, je perdais l'équilibre et tombais à l'eau. Un cri terrible, un cri de ma femme, m'entra dans les oreilles et me déchira l'âme ; puis, je n'entendis plus rien ! j'étais perdu.

« Par bonheur, la rage et le désespoir me donnèrent des forces; je revins à la surface de l'eau et m'orientai rapidement. La barque n'était qu'à quelques brasses, je fis un effort et pus m'accrocher à la paroi.

« J'assistai de là, témoin impuissant, à une scène pleine d'épouvante et dont le seul souvenir me glace encore les veines. Dans un coin, ma femme gisait, affaissée sur elle-même, ne donnant plus signe de vie. A l'autre extrémité une lutte s'était engagée entre l'homme et mon chien, lutte sans merci, lutte à mort. L'homme, de ses doigts nerveux et crochus, essaye d'étrangler l'animal. Il l'étreint et le secoue ; mais Médor, d'un puissant coup d'encolure, se débarrasse de son étreinte et, muet, acharné, mord à pleines dents et déchire la chair vive dont des lambeaux lui restent dans la gueule. J'entends le souffle de ces deux êtres haleter dans le grand silence. L'homme blasphème, se plaint et se débat ; le chien, implacable, mord et déchire toujours, la gueule en sang, les ongles en sang, le poil en sang. Dans un effort désespéré, l'homme, déjà presque vaincu, roidit ses bras lacérés et pousse Médor violemment, décidé à le jeter dans le lac à son tour. La barque vacille et va chavirer. Je fais contre-poids. Médor tire la langue et faiblit. Encore un peu plus, et voilà la noble bête dans l'eau! Mais le vaillant animal, comme s'il sentait qu'il combat pour la justice, bondit soudain, et appuyant ses lourdes pattes sur les épaules du bandit, lui enfonce dans le cou ses larges crocs aigus. Cette fois, l'homme roule sur le plancher, hors de combat et blessé mortellement.

« Je m'efforçai alors de remonter dans la barque, mais ce fut en vain. Le froid de l'eau et de la nuit, les émotions que j'avais éprouvées pendant cette terrible lutte, la vue de ma pauvre femme évanouie, tout cela m'avait paralysé les membres. Mes muscles n'obéissaient plus à ma volonté. Il me semblait que mon âme était emprisonnée dans un cadavre. Médor, agitant sa grosse queue comme un panache de triomphateur, allait et venait dans la barque dont il était devenu le maître, et léchait tantôt mes mains crispées, tantôt le pâle visage de ma femme.

Il avait pu me délivrer d'un assassin ; il ne pouvait me tirer de l'eau. Peu à peu mes forces diminuaient et je voyais l'heure où elles allaient me trahir. Si près du salut, je périssais, faute d'un bras pour m'attirer dans la barque...

« Je poussai un cri d'angoisse. Ma femme ne bougea pas. L'idée me vint alors de l'appeler doucement par son nom : — Jeanne ! Jeanne ! — Elle ouvrit les yeux et regarda autour d'elle, égarée, perdue dans cette réalité atroce qui semblait un rêve. Je répétai — Jeanne ! Jeanne ! — Cette fois, elle me vit, se leva, me tendit la main et, avec toutes les peines du monde, finit par me hisser jusqu'à elle. Elle se jeta à mon cou, et nous retombâmes ensemble, évanouis tous les deux !... »

Ici le vieillard s'arrêta pour respirer un peu après ce long récit. Ses yeux étaient humides et ses lèvres tremblaient.

— Mais qu'advint-il ? lui dis-je, curieux de savoir la suite.

« Nous restâmes toute la nuit dans cet état de

torpeur, étendus près d'un cadavre et couchés dans une mare de sang. Je me rappelle que je fis, dans cette espèce de demi-mort où j'étais plongé, les rêves les plus étranges. Toutes les visions du paradis et de l'enfer passaient dans mon cerveau, et tour à tour je souffrais horriblement et jouissais sans mesure.... »

Craignant que l'histoire ne se prolongeât indéfiniment :

— Vous fûtes sauvé sans doute, dis-je avec un sourire, puisque vous voilà.

« Oui, sauvé et toujours par Médor. A l'aube, quand il vit que nous ne bougions ni l'un ni l'autre, l'intelligent animal se mit à hurler comme font les chiens perdus. Sa voix lamentable, plus déchirante que la voix du cor, retentissait comme un cri d'alarme d'une rive à l'autre rive; des pêcheurs l'entendirent, et, voyant au milieu du lac une barque en détresse, s'approchèrent et nous ramenèrent au bord....

« L'aventure fit beaucoup de bruit dans ce temps

là, mais aujourd'hui c'est un souvenir perdu. Peut-être même vous ai-je ennuyé en vous la contant...

— Non, certes. Et la preuve, c'est que j'oserai vous demander ce qu'est devenu votre brave Médor, ce vrai émule du *chien* de Montargis....

— Il est mort, le pauvre ami, comme bien vous pensez. Ma femme et moi, nous le pleurons tous les jours, car nous n'avons jamais connu un seul homme qui valût cette bête.... »

Je ne m'attendais guère à cette moralité pessimiste.

— Vous êtes donc misanthrope? m'écriai-je.

— Vous ne l'êtes donc pas?

— Mon Dieu, j'aime chrétiennement tout le monde...

— Chrétiennement, c'est cela, Monsieur ; vous êtes un sage !...

Notre conversation finit là, brusquement interrompue par l'arrivée de mes amis. Mon vieux percepteur me tendit la main et je le quittai à regret : il parlait comme un livre.....

L'heure est venue de partir pour Lovagny, où nous allons visiter les gorges du Fiers.

LOVAGNY. — SAINT-FÉLIX.

Même jour.

Je viens de m'asseoir sur l'herbe, près d'une petite auberge cachée dans les arbres au pied d'une colline. C'est que le spectacle dont nous venons de jouir mérite d'être décrit. J'ai encore, en effet, dans les oreilles, le bruit assourdissant des grandes eaux ; j'ai encore dans les yeux cette sublime horreur ; j'ai encore dans tout mon être l'impression d'un vertige inconnu.

Le Fiers est un torrent qui, ne trouvant pas de chemin, s'en est creusé un lui-même. Il y a mis une telle fougue, qu'il a tout renversé, tout brisé, tout rongé, tout dévoré. Il a emporté la terre ; il a usé les rochers gigantesques il les a labourés, perforés, taillés, déchirés, bouleversés. Leurs débris gisent épars à une profondeur inouïe dans un indescriptible chaos. Et comme s'il n'était pas encore content de sa victoire, il se roule dans son lit, il court en écumant, il se jette avec furie contre les obstacles qu'il rencontre encore.

On peut le suivre dans tous les caprices de sa course effrénée : on a posé une passerelle le long des parois du rocher, et le touriste n'a ainsi aucune peine et ne court aucun danger à contempler le torrent qui se tord au pied de la muraille titanique qui le domine. Des arbres ombragent la crête. Çà et là cependant, on aperçoit un pan du ciel, et en haut comme en bas c'est le même vertige. On a l'impression qu'éprouverait dans sa chute l'homme qui serait arrêté tout à coup à moitié chemin de l'abîme. Le ciel est bleu, l'eau est verte, sauf aux endroits où le soleil l'éclaire. Alors elle éblouit et son écume est d'une blancheur plus éclatante que la neige.

Telle est cette merveille, autant du moins qu'on peut la décrire. C'est l'œuvre des eaux et des siècles, œuvre étrange où la nature prouve qu'en se détruisant elle-même, elle peut encore créer des merveilles.

Nous avons pris plaisir à nous égarer pendant près d'une heure dans la vallée sauvage qui s'étend au delà des gorges. Il faut marcher avec précaution, car là encore le Fiers a fait dans le roc des entailles profondes. Vous risquez à chaque pas de tomber dans une crevasse. Je n'ai vu qu'une chaumière dans cette vaste solitude dominée de tout côté par des montagnes couvertes de forêts. Ses habitants étaient assis sur le bord du torrent; pendant que deux femmes tordaient leur linge, les pieds nus dans l'eau courante. Deux petits enfants couraient sur la rive, vêtus de quelques lambeaux d'étoffe. Il me semblait voir une famille des premiers jours, lorsque la terre n'était encore qu'un immense désert à peine peuplé. Las de marcher vers des horizons qui fuyaient toujours, on s'arrêtait sur le bord d'un ruisseau ou d'un torrent, on y élevait une hutte, et l'on vivait loin de toute vie, occupé à chasser dans les forêts ou à gratter péniblement le sol aride. Cette existence au premier abord nous paraît triste et monotone, vide et insupportable. Mais n'a-t-elle pas son charme aussi. Je le crois, car le premier de tous les biens est celui que nous n'avons que bien rarement, nous autres, fils des villes modernes, — c'est la liberté.

Et maintenant, nous reprenons notre course. Nous descendons, plus rapides que les eaux du torrent, la vallée du Fiers. A chaque instant, on l'aperçoit qui bouillonne, et écume, et se tord dans son lit trop étroit. Tout à coup, un cri : Saint Félix ! Nous voyons, en effet, couché au bas de la montagne, un petit village d'aspect riant, que surmonte un élégant clocher. C'est là que l'illustre évêque d'Orléans a vu le jour, là qu'après avoir si longtemps battu pour l'Église et la France, son cœur généreux repose, refroidi, dans une urne de marbre. L'apparition soudaine de ce village si obscur avant qu'il en sortît, me fait revoir, comme dans une vision, tout son passé de gloire. Je le revois tel que je le connus au jour de ma jeunesse, le visage illuminé, la tête souvent penchée en avant, quelquefois hautement relevée par un mouvement de magnifique fierté. Je le revois étendu sur sa couche funèbre, plus grand encore dans la mort que dans la vie, pendant que nous, ses lévites, nous gardions nuit et jour, rangés autour de son cercueil couvert de fleurs, sa noble et sainte dépouille. Je le revois sur le char funèbre au jour de ses funérailles presque royales. Hélas, l'Église ni la France n'ont retrouvé son égal ; aucun front ne s'est dressé qui eût sa sainte audace, aucune voix ne s'est élevée qui ait son entraînante éloquence. Du moins son souvenir et son exemple nous restent, impérissable héritage, et tous ceux qui l'ont connu y trouveront la force de se montrer vaillants à leur tour, au sein des luttes sans cesse renaissantes, morts, les grands hommes parlent encore et leur voix d'outre-tombe éveille des échos puissants dans les siècles.

Mais nous voici déjà à Aix-les-Bains et là d'autres souvenirs et d'autres émotion nous attendent.

Même jour.

Un de nos grands poètes a immortalisé cette petite ville et ses alentours. Il y a vécu, il y a souffert, il y a pleuré aux jours de sa débordante jeunesse. Cette nature l'a séduit, elle lui a parlé. Ce n'est donc pas la ville fréquentée du grand monde que nous allions visiter, ni les riches villas, ni les monuments que la richesse a élevés au plaisir. Ce n'est pas même les traces de Lamartine que nous cherchions. Nous venions simplement pour goûter à notre tour les charmes du lac et des montagnes, les rochers muets et les grottes obscures, tous ces spectacles enfin dont tant d'autres âmes se sont enivrées avant nous.

Nous sommes bientôt devant une belle nappe d'eau bleue, d'une largeur inégale, mais très allongée, et tout encadrée de hautes montagnes vêtues pour la plupart d'un léger manteau de verdure. C'est le lac du Bourget. Nous montons dans une barque que deux bateliers font démarrer prestement, et nous voilà mollement bercés par les petits flots taquins, qui viennent nous heurter avant d'aller mourir sur la rive. Mais nous avons à peine donné quelques coups de rame, que des crêtes environnantes un vent violent tombe sur le lac et bat les petites vagues qui se fâchent, se révoltent et se mettent à écumer au loin. Notre coquille de noix, battue du vent et des flots, se trémousse et se débat, descendant les petites vallées, montant les petites collines d'eau écumante. Nous sommes obligés de tenir les barres de fer à hauteur de nos mains, pour ne pas perdre l'équilibre. Décidément, ces petits lacs ont toutes les passions des grandes mers, et s'ils sont moins redoutables, il n'en est pas moins vrai qu'il ne faut pas toujours s'y fier.

Nous voulons pourtant aller jusqu'à l'Abbaye d'Haute Combe, dont on aperçoit la tour à créneaux

Fig. 20. — Le lac du Bourget.

et la masse carrée, là-bas, presque à la pointe, vers le Sud. Nos bateliers coupent le lac dans sa largeur et, après une heure de lutte nous sommes sous l'abri de la Dent du chat. Tout le long de la montagne, l'eau est si calme et si limpide qu'on en voit le fond. C'est une telle paix, qu'on se croirait à deux cents lieues du monde. Nous glissons sur la surface unie comme sur un miroir, laissant derrière notre barque un long sillage, semblable à la traîne d'une robe d'azur. De temps en temps, la tempête, passant à travers une échancrure de la montagne, tombe encore sur nous. Mais nous avons bientôt franchi l'espace où elle peut nous atteindre, et nous continuons notre insensible course sur une onde toujours sans ride. Le soleil, près de se coucher, verse de larges rayons dorés sur l'Abbaye qui se dessine de plus en plus nettement. C'est un grand bâtiment carré à deux étages percés de nombreuses fenêtres, sans style, imposant seulement par sa masse et remarquable seulement par sa position sur une hauteur. Il commande, en effet, le vaste amphithéâtre qui s'étend, sur tout le contour du lac, de la ligne capricieuse des rives à la crête sinueuse des chaînes de montagnes.

Arrivés au petit port, nous montons la pente et nous sonnons à l'abbaye. On attend toujours longtemps à la porte des monastères. Enfin un moine se présente, nous accueille aimablement, et, prenant un lourd et bruyant paquet de clefs, nous conduit à l'église. C'est là que sont enterrés plusieurs princes de la maison de Savoie, morts dont la conquête française a fait des exilés. L'église est riche et brillante, à la mode italienne. D'assez bonnes peintures modernes décorent la voûte de la coupole. Quelques belles statues, particulièrement celle de la reine Amélie exerçant la charité et protégeant les Beaux-Arts. Mais pendant que nous allons d'un autel à un autre autel et d'un tombeau à un autre tombeau, le soleil se couche, et la nuit entre dans la splendide nécropole. Nous laissons les rois dormir leur dernier sommeil, et nous revenons à nos barques.

Nous sommes seuls sur le lac. La nuit est venue, tout est silence et paix. Sous le ciel bleu, où naissent les premières étoiles, s'étend l'azur foncé du lac immobile. Point de brume. L'arête des sommets se dessine vigoureusement sur le ciel, découpant comme un immense *velarium* piqué de clous d'or. La nature, en ce coin isolé, emprunte à sa solitude le charme d'une intimité que je n'ai jamais rencontrée ailleurs. On se sent comme en communion avec elle. Sa paix vous pénètre et vous apaise. On est envahi par la douceur des flots, des montagnes et du ciel. Ailleurs, Dieu semble tour à tour grand, puissant et terrible. Ici, l'âme instinctivement confesse qu'il est bon.

Nous sentions tout cela et nous ne disions rien, plongés tout entiers dans ce profond sentiment de la paix. La lune montra tout à coup ses cornes au dessus des montagnes, comme pour ajouter encore à la splendeur de la nuit la douceur de ses clartés mystérieuses.

— Si nous chantions quelque chose! dit l'un de nous quand nous fûmes au milieu du lac.

Le plus habile chanteur de nous trois chanta la ballade suivante, dont il improvisa sur-le-champ les paroles et la musique.

A LA LUNE.

Quand le soir, à la brune,
O douce et chaste lune,
Paraît ton front si pur,
Emporté par mon rêve,
Je tressaille, et je lève
Mes regards vers l'azur!

*

Dans le grand ciel, ton temple,
Heureux, je te contemple
Haussant ton vol vainqueur,
Et je ne puis décrire
Tout ce que ton sourire
Met de joie en mon cœur!

*

Salut, ô tête blonde!
Salut, ô face ronde

Bonne et calme toujours ;
Ton nimbe est sans souillures
Et tu fais les nuits pures
Plus belles que les jours !

*

Éparses dans tes voiles,
Les riantes étoiles
T'embellissent encor,
Et souvent l'une d'elles,
De ses clartés fidèles,
Précède ton essor !

*

« La Nuit est son empire,
Semble-t-elle redire ;
Astres, ne bougez pas ! »
Et chaque astre l'écoute
Et, rangé sur ta route,
S'incline sur tes pas !

*

Toi, cependant, sereine,
Comme une antique reine,
Tu montes dans les cieux,
Et partout où tu passes
Les immenses espaces
Se font silencieux !..

A ton aspect, la brise
Souffle dans l'ombre grise :
L'arbre se sent frémir ;
Et muette, la terre
S'entoure de mystère
Et paraît s'endormir !

*

Pendant que tout sommeille,
Pâle et pourtant vermeille,
Aux bois ta clarté luit,
Et, lampe aux feux splendides,
Immobile, tu guides
Les hommes dans la nuit !

*

Sous les ramures souples,
Longtemps les jeunes couples
Errent sous ton regard,
Car ton orbe sans flammes
Est le soleil des âmes
Qui rêvent à l'écart !....

*

L'imbécile et le rustre
Trouvent ton front sans lustre
Et se raillent de toi;
Qu'ils raillent, ces profanes !
Qu'importe, si tu planes,
Semblable à l'astre-roi ?

Va! S'il en est au monde,
O douce reine blonde,
Qui, — loin de t'invoquer, —
Sans honte te blasphèment,
J'en connais tant qui t'aiment
Que tu peux t'en moquer!

★

Dans l'azur, immense arche,
Va donc, poursuis ta marche
Imperceptible aux yeux :
Sans toi, toujours funèbres,
Les cieux pleins de ténèbres
Ne seraient plus les cieux!....

Cette chanson nous avait paru un peu longue, et, en dépit de son lyrisme, nous avait fait sourire quelquefois.

Cependant, la terre avait allumé à son tour ses innombrables constellations. La rive semble en feu; becs de gaz, lampes électriques, fenêtres scintillantes des villas et des hôtels, tout cela brille à nos yeux avec l'éclat éblouissant d'une féerie. On sent naître là je ne sais quelle vie nocturne mystérieuse et fiévreuse. Lorsque tout à l'heure encore,

> On n'entendait au loin, sur l'onde et sous les cieux
> Que le bruit des rameurs qui frappaient en cadence
> Le flot harmonieux,

la voix des hommes et des instruments de musique flotte dans l'air et arrive jusqu'à nous. C'est la ville du jeu et du plaisir qui s'éveille; adieu, belle nature, notre place n'est plus ici.....

VII.

LA VALLÉE DE L'ARC ET LE MONT CENIS.

Chambéry. — Intérieur de notre wagon. — Le tunnel.

28 août.

Je vous parlerais volontiers de Chambéry qui, au dire de ses habitants, est une très jolie ville. Par malheur, je ne l'ai vue que la nuit, et la nuit, tous les chats sont gris et toutes les villes sont belles. Le soleil n'avait pas encore éclairé les plus hauts sommets que nous roulions déjà dans la direction de Modane. De Chambéry à la frontière, route tour à tour charmante et sauvage. Nous suivons longtemps les rives de l'Arc, torrent qui bondit, écume, et fuit comme la flèche sur son lit de rocher, tantôt entre de belles montagnes fertiles, tantôt entre des montagnes fendues, concassées, décharnées et arides.

L'intérieur de notre voiture est aussi maussade que curieux. Deux commis voyageurs à figure de bouchers fument à qui mieux mieux, et remplissent le compartiment d'une fumée âcre qui écœure. Un vieux monsieur dort, replié sur lui-même, la visière de sa casquette sur les yeux Un jeune homme, très pâle, et très maigre, sommeille en un coin. Il est malade ou il est usé. Peut-être va-t-il au pays du soleil réchauffer son jeune sang glacé par les premiers attouchements de la mort. Rien n'est triste comme de voir une vie fanée dans sa fleur et brisée dans sa force. Je pensais à toutes ces jeunes victimes du siècle, que chaque jour le plaisir ravit au devoir et la mort à la vie, adolescents élevés loin de Dieu et de son Église, qui vont à leur malheur, faute de guide et qui se flétrissent et meurent faute de soutien. L'éducation chrétienne m'apparaissait comme la vraie reine des peuples dont elle assure la vitalité par son action préservatrice sur la jeunesse.

J'en étais là de mes réflexions, quand tout d'un coup la nuit se fait dans le wagon. Seule, une petite veilleuse nous éclaire. Nous courons dans les ténèbres avec un bruit infernal, un bruit sec et saccadé, rythmé durement, qui vous retentit dans le cerveau et l'ébranle. Cela dure au moins vingt mortelles minutes; mais enfin, voici la lumière, la grande lumière du ciel ouvert. Le mont Cenis est passé : nous sommes en Italie! (1)

(1) Voir notre ouvrage intitulé : *Italie*.

FIN.

TABLE DES MATIERES.

www.ingramcontent.com/pod-product-compliance
Ingram Content Group UK Ltd.
Pitfield, Milton Keynes, MK11 3LW, UK
UKHW020555180726
13838UKWH00001B/257

9 782019 911447